# 商用心理学

鸿雁　编著

吉林文史出版社
JILIN WENSHI CHUBANSHE

**图书在版编目（CIP）数据**

商用心理学 / 鸿雁编著. -- 长春 : 吉林文史出版社, 2017.5（2018.1重印）
ISBN 978-7-5472-4221-6

Ⅰ.①商… Ⅱ.①鸿… Ⅲ.①商业心理学 Ⅳ.①F713.55

中国版本图书馆CIP数据核字(2017)第119020号

商用心理学
SHANGYONG XINLIXUE

出 版 人 孙建军
编 著 者 鸿 雁
责任编辑 于 涉 董 芳
责任校对 薛 雨
封面设计 韩立强
出版发行 吉林文史出版社有限责任公司（长春市人民大街4646号）
www.jlws.com.cn
印 刷 天津海德伟业印务有限公司
版 次 2017年5月第1版 2018年1月第2次印刷
开 本 640mm×920mm 16开
字 数 206千
印 张 16
书 号 ISBN 978-7-5472-4221-6
定 价 45.00元

# 前　言

商用心理学是指在商业活动中运用心理学的相关原理、效应和方法等，精准市场定位、优化营销管理，以及使公关、谈判、投资、合作等商业活动顺利达成的方法和策略。那些商界精英们，大都善用心理学规律为商业活动把脉，一眼洞悉竞争对手、合作伙伴及潜在客户的心理诉求，从而准确把握商机、适时促进交易，在波谲云诡的商战中无往不利，赢得事业和生活的成功。

如果你想钓到鱼，就要像鱼那样思考。古人说，“人事之最难在于知人”；在如今的商场中，“商事之最难在于知心”。商业活动中的许多现象背后都包含着心理学的规律：大到企业与企业之间的竞争与合作，产品的市场定位、营销策划，小到具体的推销、谈判，甚至接打电话，从本质上说都是人与人之间的交往活动，都离不开对人类心理规律的了解和运用。尤其在现代社会，随着商业格局的日益复杂化和细化，心理学在商业中的应用也越来越广泛，已成为达成一切商业目标的必备工具。正如 7—11 的创始人铃木敏文所说的，“现在最需要的不是经济学，而是心理学。”商用心理学因此而被称为“心理学的MBA”，并得到主流教育机构的认可，被纳入对商界精英的培养计划当中。美国著名实业家约翰·D·洛克菲勒一生创造了数以千亿美元的财富，他的商业头脑和经商天赋令人惊叹，而实际上，那正是基于他对人的心理的精准把握。他在写给儿子的信中曾这样说道：“……在商场上，没有任何结盟是永远持久的，合作只是一种获利战术……不论你从事哪一个行业，譬如经营石油、地产，做钢铁生意，还是做总裁、做雇员，都是在从事一个行业，那就是跟人打交道的行业。谈判更是如此，与你开战的不是那桩生意，而是人！所以，真实地了解自己、了解对手，是保证你在决胜中取得大胜的前提。你需要知道，准备是游戏心理的一部分，你必须知己知彼。”

了解和掌握商用心理学，可以更好地理解商业活动中人的心理特点，把握商机、促进交易，获取利益的最大化。很多商务人士都曾发出这样或那样的困惑和感叹：为什么别人能够轻轻松松地拿到商业成功的入场券，而自己虽然已经非常努力，却总是四处碰壁、挫折不断？原因就在于当我们投资理财、谈判经商时，仅仅依靠诚意和能力是远远不够的，还需要有心理学的知识和策略做指导。在从事商业活动的过程中，不懂心理学，会给自己的事业带来意想不到的困难和障碍，如：谈判师难以洞察对方真实的心理意图，就无法看准时机签订协议，赢得谈判；营销员难以摸透客户的消费心理，就无法有的放矢地推销商品，获得订单；商家难以获得消费者的信赖，就会造成大量库存积压，信誉度骤降；投资者自认为选择了获利的股票，结果损失惨重；罐头厂想要低价抛售清仓，结果价格越低越是无人问津……诸如此类的情形在商场中真是不胜枚举！了解并掌握一定的商用心理学知识，就可以依据既定的心理活动规律，透过具有迷惑性的语言、行为等外在表象，洞悉人性，一眼认清事实的真相，提高商业决策的科学性和准确性。对于在商海中苦苦打拼的商业人士来说，一旦掌握了商用心理学这门工具，就能在波谲云诡的商业竞争中占得先机、无往不利。

本书是一本商用心理学的智慧宝典，通过对消费者心理学、推销心理学、营销心理学、谈判心理学、公关心理学、广告心理学、创业经营心理学、决策心理学、投资心理学和商用心理密码等十个方面内容的深入阐释，力求生动、全面地向读者介绍商用心理学的基本知识、原理和技巧。书中以理论联系实际，将心理学的各种知识、原理与真实的商业案例相结合，贴近现实生活，让你拥有一双看不见的力量之手，在商业活动中用小策略解决大问题，出奇制胜，占据主动，轻松化解商业难题，顺利达成各类目标。

# 目　录

## 第一篇　消费者心理学

## 第二篇　推销心理学



## 第三篇　营销心理学

## 第四篇 谈判心理学

## 第五篇　公关心理学

# 第六篇 广告心理学



# 第七篇 创业经营心理学

# 第一篇
# 消费者心理学

# 第一章
# 诚心：让你成为顾客的朋友

## 引导顾客了解市场，改变顾客对自己的“奸商”评价

顾客：“我说我想要原来的那一款，你总是向我推荐我没有仔细研究的款式，而且似乎总是高端的产品，莫非你打算从中赚取差价？嗯……你是奸商么？”

销售人员：“……”

“嗯……你是奸商么？”这句话很冷很直接，足以使场面陷入十足的尴尬。不可否认，在转变顾客需求的过程中，经常会遇到顾客提出这个问题的情况，这是顾客对销售人员极度不信任的表现。但归根结底，这是销售人员没能成功向顾客普及新产品知识和市场情况的结果，没能打消顾客的疑虑所致。

很多时候，转变顾客需求会变得非常麻烦，尤其是遇到心存疑虑、态度又比较坚决的“心重”型顾客的时候，这时你就不能一味地围绕着自己的“非奸商”身份的话题来展开，否则会“越描越黑”。

顾客存有这种疑虑很正常，因为有很多顾客在走进卖场前，就已经认真了解了自己想要的产品的大致价格范围，甚至确定了具体型号。而当自己非常熟悉的产品因为各种原因无法买到时，顾客已经比较焦虑，此时加上销售人员对顾客预定产品的贬低和对新产品的抬高，顾客难免会有怀疑销售人员动机的想法。这时候，销售人员必须尽快让顾客认识到新产品的市场情

况，让顾客认识到这种产品在其他卖场中的报价和服务，以及同类产品的报价等情况，从而打消顾客疑虑，重新取得顾客的信任。

销售人员可以按照以下模板灵活应对顾客：

"这位大哥，您的想法很有必要，毕竟现在市场上确实有一些不良销售人员借机欺诈顾客，但那些销售人员都是没有固定店铺、游走于电器城的闲散人员。咱们这家家电卖场是正规的大公司，我们这些销售人员都是经过公司正规培训的，我们始终以信誉为本，您放心就是啦！此外您要购买的产品由于市场销量不是很好，大部分卖场库存都不多，因此在市场上不好买到。我之所以向您推荐另一款产品，并不是说我能从其中多赚多少钱，不信您可以从我们卖场的联网电脑上查询一下其他卖场的价格情况，作为一名销售人员，为您提供满意且高效的服务，从而节省您宝贵的时间和金钱，这是我们不可推卸的责任。此外，这里有好几款产品拥有和您原来想购买的产品一样的功能，甚至性能比那款产品还好呢，这些产品有很多都针对原有产品性能的缺陷进行了改进，从而让您的生活更加安心，比如这款D型号的产品，就比原来那款节能。"

顾客："哦，这样啊。我就是害怕被奸商骗了。上一次在一座数码大厦里，我就被一个销售人员骗了好几百，我都成惊弓之鸟了。那你给我介绍一下这个新产品吧，我看看是不是如你所说的那样。"

（这时候，顾客重新被吸引，销售人员就可以进行专业解说了。）

应对顾客的怀疑，你不仅要以各种方式"还自己的清白"，更要以顾客为中心，普及新产品的优势和市场状况，让顾客了解市场，消除心中的疑虑。

## 对于表情冷淡的顾客，要用真情去感化

正值家电卖场淡季，一位表情严肃的顾客走进某家电销售专区。

销售人员小赵：“先生您好！欢迎光临××家电大卖场，我们正在搞淡季大促销活动，请问您需要购买什么家电？”

顾客看都没看小赵一眼，径自走进家电卖场。

小赵有些尴尬，然后就在距顾客4米远处不时观察着顾客。

顾客看了一会儿，摸了摸一款数码摄像机。

销售人员小赵忙上前去：“您要购买相机啊，这款相机正值厂家促销，是今年柯达公司力推的主力机型，像素1200万，防抖功能很好……”

“哦！我随便看看。”顾客打断了小赵的介绍。

过了几分钟，顾客什么也没说就走出了家电卖场。

销售人员笑颜以对，顾客却毫无反应，一言不发或冷冷回答一句“我随便看看”，这种场面其实非常尴尬。这类顾客对销售人员的冷淡往往是出于情感上的警戒，要化解这种警戒，销售人员应该从顾客行为中尝试分析顾客类型，然后利用情感感化法朝着有利于活跃气氛和购买的方向引导。

作为销售人员，其实我们每天都能遇到这样的顾客，冷冰冰地进来，对你爱搭不理，顶多甩给你一句“我随便看看”，场面比较尴尬，让你不知道如何是好。其实，这些类型的顾客不外乎以下三种情形：

一是对要买的产品比较熟悉，没必要让销售人员介绍，自己看就行了，顶多讨价还价和支付的时候需要销售人员；二是顾客只是来收集一下所要购买产品的信息，比如要购买的产品到底是什么样子的，各家卖场报价是多少等各种对比信息；还有一种就是随便逛逛，看着玩。因此，针对不同的顾客，销售人员应该采取不同的方法来接近，而不是只用一种方法。

很明显，“没关系，您随便看看吧，需要什么帮助叫我就行”之类的话是错误的，因为销售人员没有主动去顺势引导顾客需求，从而减少了顾客购买产品的可能性。

此外，顾客对销售人员都有戒备心理，生怕刚来就中了销售人员的圈套，因此他们都对销售人员有着非常消极的看法。作为销售人员，你可以尝试从以下几个方面接近顾客：

一是找好接近顾客的时机。这个时机往往不是在顾客刚进店的时候，而是在顾客浏览商品时对其中一件比较感兴趣的时候，此时你可以根据顾客感兴趣的商品，大致联想出顾客想要什么类型的商品，因势利导，成功率往往会比较高。

二是在顾客挑选商品的过程中，不要像盯贼似的跟着顾客，更不要顾客跑到哪里销售人员就跟到哪里；不要问一些无关痛痒的话题，比如“需要帮助吗”等一些惹人烦的问题。

三是在一段时间后要尝试积极引导顾客。如果再次询问顾客时顾客还是回答“我随便看看”，销售人员就要尽量朝着有利于活跃气氛的方向引导。

另外，销售人员可以按照如下模板灵活应对顾客：“没关系，呵呵，现在买不买无所谓，在购买之前一定要了解一下产品，做一些对比，才能买到心满意足的产品。这个行业我做了3年啦，我给您介绍一下这些家电吧！”（以专业人士的身份介入。）

面对冷淡型顾客，销售人员的信心常会被对方冰冷的口气摧毁，或者被对方的沉默不语给打垮，其销售热情也会降到零点。其实顾客冰冷的口气并不代表顾客是个毫无情感的人，销售人员需要做的就是用情感去感化他们。

## 对态度不好的顾客采取迂回战术

一个打扮时髦的女人走进家电卖场，后面跟了一个五大三粗的男子。

销售人员小韩："小姐、先生，您好！欢迎来到××购物广场！有什么需要帮助您的？"

男子："小姐？你叫谁小姐呢？"

销售人员小韩："哦！呵呵，是，女士！"

男子："你的态度太差了吧！"

销售人员小韩："对不起，真的很抱歉，是我的口误，今后我一定改正。"

男子："你是不是见个女人就叫人家'小姐'啊？都什么世道了啊！"

销售人员小韩："对不起，我以后会注意的。"

男子："不要把我当作傻瓜，你们这些销售人员没一个好东西，都只会忽悠人，你老实点儿！"

销售人员小韩："我绝对没有这个意思。如果让您有这种感觉的话，我郑重向您道歉。"

男子："你说话能不能再客气一点？"

销售人员小韩："冒犯您了，真是对不起。"

男子："你懂不懂说话礼节？"

销售人员小韩："真对不起，以后我一定注意。"

然后这个男子就被那个女子劝了几句，拉进了卖场。

销售人员小韩："呵呵，这位帅气的大哥，实在抱歉，刚才是我的错。嗯，欢迎帅哥美女来到家电卖场，我是这里的销售人员小韩，在这里工作3年了，因此对这个大卖场的产品非常熟悉，二位有什么疑问，我立刻帮你们解答，请问二位要买什么产品？"

男子："嗯！看你说话挺和气，我带我女友来买一台冰箱，这样她买的很多新鲜水果就能放在冰箱里了……"

有时候，商场里会因为鸡毛蒜皮的事情而引起误会甚至打斗，这些情况往往是因为销售人员意气用事、不肯让步造成的。正所谓"生意不在人情在"，销售人员要始终记清自己引导消费的职责。场景中的小韩处理事情比较稳当，没有出现什么冲突，而且“厚着脸皮”将顾客从无关的事情中引向产品销售。

作为一名销售人员确实很不容易，你必须时刻机智应对各种突发情况，不可意气用事与顾客顶撞，要明白，你的唯一使命就是顺利地把产品卖出去。

态度不好甚至是吹毛求疵的顾客一般疑心很重，不信任销售人员，片面认为销售人员只会夸张地介绍产品的优点，而尽可能地掩饰缺点，如果相信销售人员的甜言蜜语，可能会上当受骗。

必须承认，吹毛求疵的顾客的确存在，而态度不好的顾客也不在少数。那么，你应该如何应对这样的顾客呢？

与这类顾客打交道，销售人员要采取迂回战术。先与他交锋几个回合，但必须适可而止，最后故意宣布“投降”，假装战败而退下阵来，宣称对方有高见，等其吹毛求疵和生气的话说完之后，再转入销售的论题。

## 强调基本属性，成功化解顾客的刁难

潜在顾客在已经充分了解了产品之后，可能会在购买前到竞争对手那里询问一下，然后回来问销售人员如下的问题：

顾客：“人家的那个冰箱不仅内部空间大，自动除霜，还特别省电。你们这个好像没有这个特点呀。”

销售人员：“您关注得真的非常仔细，我想请您思考一个问题：冰箱的主要功能是什么？首先应该是保鲜，以及容量是否可以存放整个家庭用的蔬菜、水果或者熟食，如果为了达到省电的要求而降低冰箱的制冷温度，导致保存的食品变质，那么省电的意义何在呢？”

案例中销售人员回答的关键就是让顾客回到对冰箱的最基本功能的思考上，不被竞争对手额外的所谓的产品创新牵引，通过强调产品的基本功能赢得顾客的信任。

当顾客用竞争对手的优点来刁难时，销售人员要引导顾客回到实质性的问题上来。如果销售人员对潜在顾客的问题做出如下答复，“其实也省不了多少电，保鲜和空间才是冰箱主要考虑的要点”，这样的回答并不能消除顾客内心的顾虑，他对于省电的疑问也没有得到真正的解答。

这里介绍一些与竞争对手比较的技巧：

（1）了解对手的优缺点，特别是哪些地方比你弱。

（2）对竞争对手做出肯定评价，绝对不要贬损对手。

（3）追问顾客对竞争对手最看重的地方。

（4）指出你与对手的差异之处，并强调你的优点。

（5）评价对手时，先说优点后说缺点；评价自己时，先说缺点后说优点。

（6）强调顾客经过对比后还是选择你们。

商场如战场，如何在竞争中赢得顾客，是销售人员面临的最大问题。顾客用竞争对手的优势来刁难时，销售人员应强调产品的基本属性，赢得顾客的信任。

# 第二章
# 猜心：洞悉“上帝”都在想什么

## 人人都喜欢被赞美

在生活中，赞美无处不在。当你夸赞一个女孩说：“小姐，你真漂亮！”她会谦虚地说：“哪里哪里，谢谢你！”当你夸赞一位男士说：“先生，你真绅士！”他会愉快地回答：“过奖！过奖了！”当你以请教的口吻称赞你的消费者说：“王太太，您穿上这件衣服越发显得年轻漂亮，而且更有气质了，您平时是怎么保养的啊！”她就会高兴地说：“那就给我包起来吧，我买了。”

一句话就能够让客户下定决心购买？

是的，这就是赞美的力量。因为，对方得到了极大的心理满足。

何为赞美？赞美就是将对方身上确实存在的优点强调给对方听。那么何为请教？请教就是挖掘出对方身上的优点并请求对方进行传授和分享。心理学研究发现，在现实生活中，每个人都渴望得到别人的赞美和欣赏，更希望别人向他请教，从而体现出自身的价值，获得心理的满足感和优越感。

从心理需求的角度来讲，喜欢听到别人的赞美，希望得到别人的认可，是人之常情，无可厚非，因为没有任何人喜欢被否定和指责。哈佛心理学家威廉·詹姆斯说：“人类最基本的相同点，就是渴望被别人欣赏和成为重要人物的欲望。”

作为一名销售人员，更要学会赞美和欣赏自己的客户，真诚地给客户以赞美，并针对客户的优势适当地请教客户问题，多加肯定。掌握一定的赞美和请教的技巧，能让客户喜欢你、相信你、接受你，从而购买你的商品。

姜波是某油漆股份有限公司的推销员，这个公司刚刚开发出一种新型油漆，虽然广告费花了不少，但销售收效甚微。这种新油漆色泽柔和，不易剥落，防水性能好，不褪色，具有很多优点。这么好的产品推销不出去，一定和策略有关，姜波通过仔细调查，最终决定以市内最大的家具公司为突破口来打开销路。

这天，他直接来到家具公司，找到总经理，说："张总，我听说贵公司的家具质量相当好，特地来拜访一下。久仰您的大名，您是本市十大杰出企业家之一，在这么短的时间内就取得了这么辉煌的成就，真是太了不起了。"

张总听后，心里很高兴，于是向他介绍了其公司的产品特点，并在交谈中谈到他从一个贩卖家具的小贩，走向生产家具的大公司总经理的奋斗历程，还领姜波参观了他的工厂。在上漆车间里，张总拉出几件家具，向姜波炫耀那是他亲自上的漆。

姜波顺手将喝的饮料在家具上倒了一点，又用一把螺丝刀轻轻敲打，但总经理很快制止了他的行为。还没等总经理开口，姜波发话了："这些家具造型、样式是一流的，但这漆的防水性不好，色泽不柔和，并且容易剥落，影响了家具的质量，您看是不是这样?"

张总连连点头："是啊，最近听说有家公司推出了一种新型油漆，但并不了解，没有订购。"姜波连忙从包里掏出了一块刷了漆的木板，把它放在身边的水池里，然后介绍说："如果待会木板没有膨胀，就说明漆的防水性很好，如果用工具敲打，漆不脱落，放到火上烤，漆不褪色，就说明漆的耐用性很好。"就在张总赞叹效果的时候，姜波亮出了自己的推销员身份。这家公司很快就成了姜波所在公司的大客户，双方都从中受益。

姜波在见到客户时，并没有直接称赞自己的油漆多好，而是从赞美这家公司的产品入手。这让总经理的心里非常高兴，防范心理逐渐减弱。总经理在高兴之余，带领客人去参观其产品，姜波趁其心情愉快，在车间内，点出了其产品的油漆性能差，直接影响了家具的质量，并在这个时候，展示了油漆公司最上乘的产品。相比之下，凸显了这种新型油漆的优点。

姜波通过赞美对方，先让客户对自己建立了好感，然后通过产品展示引导客户进行理性思考，于是，客户很自然地接受了姜波的建议。就这样，姜波争取到了这家客户，达到了推销产品的目的。

可见，采用赞美的策略确实能辅助生意的成功。但在使用这一策略的同时，以下几点也必须注意：

首先，赞美千万不要过头，否则会令人生厌。

其次，赞美一定要是顾客所喜爱的东西，是他引以为傲的，若乱加赞美就不会使顾客心动。

最后，赞美的同时最好提出自己的一些看法，这能充分证明推销员的态度是诚恳的。

## 客户都希望自己的意见能得到尊重

礼貌地尊重胜过激烈地雄辩。有多少种人就会有多少种观点，我们没有资格去要求他人的看法与我们步调一致，这同时也能体现我们的修养。

拜访客户或平时交往时，谈论到一些话题时常常会发生意见分歧，尤其是在针对产品本身的性能、外观等时。遇到这样的情况我们该如何应对呢？是凭借我们的专业知识驳倒客户，还是一味地迁就顺从他们？恐怕都不是最佳解决办法。

克洛里是纽约泰勒木材公司的销售人员。他承认，多年来，他总是尖刻地指责那些大发脾气的木材检验人员的错误，他也赢得了辩论，可这一点好处也没有。因为那些检验人员和“棒球裁判”一样，一旦判决下去，他们绝不肯更改。

克洛里虽然在口舌上获胜，却给公司造成了成千上万元的损失。他决定改变这种习惯。他说："有一天早上，我办公室的电话响了。一位愤怒的主顾在电话那头抱怨我们运去的一车木材完全不符合他们的要求。他的公司已经下令停止卸货，请我们立刻把木材运回来。原来在木材卸下25%后，他们的木材检验员报告说，55%的木材不合规格。在这种情况下，他们拒绝接受这批木材。

"挂了电话，我立刻去对方的工厂。途中，我一直思考着一个解决问题的最佳办法。通常，在那种情形下，我会以我的工作经验和知识来说服检验员。然而，我又想，还是把在课堂上学到的为人处世原则运用一番看看。

"到了工厂，我见购料主任和检验员正闷闷不乐，一副等着抬杠的姿态。我走到卸货的卡车前面，要他们继续卸货，让我看看木材的情况。我请检验员继续把不合格的木料挑出来，把合格的放到另一堆。

"看了一会儿，我才知道是他们的检查太严格了，而且把检验规格也搞错了。那批木材是白松，虽然我知道那位检验员对硬木的知识很丰富，但检验白松却不够格，而白松碰巧是我最内行的。我能以此来指责对方检验员评定白松等级的方式吗？不行，绝对不能！我继续观看，慢慢地开始问他判断某些木料不合格的理由是什么，我一点也没有暗示他检查错了。我强调，我请教他是希望以后送货时，能确实满足他们公司的要求。

"以一种非常友好而合作的语气请教，并且坚持把他们不满意的部分挑出来，使他们感到高兴。于是，我们之间剑拔弩张的空气消散了。偶尔，我小心地提问几句，让他自己觉得有些不能接受的木料可能是合格的，但是我非常小心，不让他认为我是有意为难他。

"他的态度渐渐地改变了。他最后向我承认，他对白松的检验经验不多，而且问我有关白松木板的问题。我对他解释为什么我认为那些白松木板都是合格的，但是我同时表示：如果他们仍然认为不合格，我们不会要求他们收下。他终于到了每挑出一块不合格的木材就有一种罪恶感的地步。最后他终于明白，错误在于他们自己没有指明他们所需要的是什么等级的木材。

“结果，在我走之后，他把卸下的木料又重新检验一遍，全部接受了，于是我们收到了一张全额支票。

“就这件事来说，讲究一点技巧，尽量控制自己对别人的指责，尊重别人的意见，就可以、使我们的公司减少损失，而我们所获得的良好的关系，不是金钱所能衡量的。”

尊重客户的意见，不仅能为我们赢得客户的尊重，同时也是良好修养的体现。

我们谁都不敢说自己的观点就是100％正确，也不敢说自己的眼光最好。因此，我们有什么理由不接纳他人的不同意见呢？而且有时因为我们的激烈辩驳，常引发客户强烈的逆反心理与厌恶心理，眼看着能成功的合作也会因此而搁浅。多一份包容心，多一点尊重，最终获益的总是我们自己。

当然，尊重客户的意见并不是要抹杀我们的观点与个性，而是指在对方陈述其意见时切勿急于打击、驳倒。

## 顾客喜欢跟着大多数人的感觉走

动物中常常存在这样一种现象：大量的羊群总是倾向于朝同一个方向走动，单只的羊也习惯于加入羊群队伍并随着其运动的方向而运动。

这一现象被动物学家称作“羊群效应”。心理学家发现，在人类社会中，也存在着这样一种羊群效应。

心理学家通常把人们的“羊群效应”解释为“从众心理”。“从众”，指个人受到外界人群行为的影响，而在自己的知觉、判断、认识上表现出符合于公众舆论或多数人的行为方式。每个生活在社会中的人都在设法寻求着“群体趋同”的安全感，因而也会或多或少地受到周围人的倾向或态度的影响。大多数情况下，我们认为，多数人的意见往往是对的。

顾客的“从众心理”的存在给了商家营销的机会。最典型的就是广告的效应，商家通过广告不断地向消费者传递诸如“××明星也用我们的产品”“今年的流行是我们引领的”，或者是更直白的“送礼只送×××”之类的广告信息，让消费者觉得所有人都在用广告中的产品——你当然不能例外。

客户在其消费过程中，如果对自身的购买决策没有把握时，会习惯性地参照周围人的意见。通过了解他人的某种定向趋势，为自己带来决策的安全感，认为自己的决策可以避免他人的失败教训，从他人的成功经验中获益。

让客户感觉到他“周围的每个人”都存在某种趋势，是销售中一个非常有效的技巧。“羊群效应”理论为我们带来的就是这样一种全新的说服技巧。销售员在与客户交流的过程中应当设法让客户了解他周围的人都存在着某种趋势，并询问客户：“你知道这是为什么吗？”从而有效地利用“群体趋同”产生的能量建立自己的可信度。

另外，“羊群效应”理论还被证明能够有效地激起客户的好奇心，促使他们想要知道更多——如果听说你的产品或服务在市场上产生了极大的影响，客户怎么会不想了解详情呢？

著有《提问销售法》的托马斯·福瑞斯可以说是将“羊群效应”理论在销售中运用得得心应手的前辈和典范。

1990年，时任KW公司堪萨斯城地区销售经理的托马斯·福瑞斯需要开办一场关于公司CASE工具的研讨会。在尝试了各种传统的拜访程序受阻后，福瑞斯想到了“羊群效应”理论：如果整个“羊群”的大部分都倾向于KW公司的CASE工具，其他客户一定也会想要了解究竟。

于是福瑞斯改变了策略，他不再乞求客户参加会议，而是让他们知道其他人都会去，并希望他们不会被遗漏在外。

福瑞斯与客户这样说道："你好，客户先生。我叫托马斯·福瑞斯，是KW公司在堪萨斯城的地区经理。很荣幸通知您，我公司将在8月26日在IBM的地区总部召开CASE应用程序开发研讨会，还记得我们给您发过的请柬吗？

"这次出席我们的研讨会的有百事可乐公司、美国运通公司、万事达公司、联邦储备银行、堪萨斯城电力公司、西北寿险公司等公司的研发经理。当然，这些只是名单中的一小部分。坦率地说，我想这次会议的参加人数可能是破纪录的，将会超过100人。我打这个电话是因为我们还没有收到贵公司的同意回复函，我需要确定您不会被遗漏在外。"

毫无意外，福瑞斯的这次研讨会最终的确取得了"破纪录"的成功。虽然大多数同意前来的客户都是因为"其他人"也会来，但事实上，当他们来的时候，"其他人"也的确都来了。

在销售过程中，"羊群效应"理论是一个非常有力的技巧，它可以帮助你建立信用度，同时激发客户的兴趣。当你对你的客户说"我只是想确定你不会被遗漏在外"的时候，他一定会好奇自己可能错过什么东西，并且会主动询问进一步的情况。这就是"羊群理论"的微妙之处，他提供给客户心理上的安全感，并促使他们做出最后决策。

我们应当理解，顾客在对于可能发生的交易存在顾虑，尤其是做出重大决定的时候更是如此。而这正是"羊群效应"理论的价值所在，你因此能够通过激发客户的好奇心，处理异议，告诉客户为什么你的产品或服务是最好的。还有就是，当潜在客户有购买的意愿，但嫌价格贵时，这种方法也非常有效。

销售员："是刘总啊，您好，您好！"

客户："小汪啊，我上回看中的那辆尼桑，还没有谁付下订金吧？"

销售员："哦，那个车，客户来了都要看上几眼，好车嘛。但一般人哪买得起？这不，它还等着刘总您呢。"

客户："我确实中意这辆车，你看价格上能否再优惠些，或者我是否有必要换一辆价位低一点的？"

（小汪知道，换车只是刘总讨价还价的潜台词。）

销售员："价格是高了一点，但物有所值，它确实不同一般，刘总您可是做大生意的人，配得上！开上它，多做成两笔生意，不就成了嘛！"

客户："你们做销售的呀，嘴上都跟抹了蜜似的。"

销售员："刘总，您可是把我们夸得太离谱了呀。哦，对了，刘总，××贸易公司的林总裁您认识吗？半年前他也在这儿买了一辆跟您挑的一模一样的车，真是英雄所见略同呀！"

客户："哦，林总，我们谁人不知啊，只是我这样的小辈还无缘和他打上交道。他买的真是这种车？"

销售员："是真的。林总挑的是黑色的，刘总您看要哪种颜色？"

客户："就上回那辆红色吧，看上去很有活力，我下午去提车。"

小汪先是赞美客户，获得客户的好感，为最后的成交奠定基础；然后，使出"撒手锏"："对了，刘总，××贸易公司的林总裁您认识吗？他半年前也挑了一辆同款车，真是英雄所见略同呀。"看似不经意的一句话，其实是充分利用了潜在客户的从众心理，通过他人认同影响潜在客户，促使潜在客户做出购买决定。

聪明的销售员应该知道，你的销售并不是一味地劝说客户购买你的产品，而是让潜在客户了解，你的其他大多数客户做出最后决策之前都面临过与他们相似的问题。而你要做的是与你的客户分享其他客户的成功经验，从而消除客户的逆反心理。这样一来，你的产品自然就不愁没有销路了。

## 客户只关注能给自己带来好处的产品

书店里，一对年轻夫妇想给孩子买一些百科读物，销售员过来与他们交谈。以下是当时的谈话摘录。

客户："这套百科全书有些什么特点？"

销售人员："你看，这套书的装帧是一流的，整套都是这种真皮套封烫金字的装帧，摆在您的书架上非常好看。"

客户："里面有些什么内容？"

销售人员："本书内容按字母顺序编排，这样便于资料查找。每幅图片都很漂亮逼真，比如这幅，多美。"

客户："我看得出，不过我想知道的是……"

销售人员："我知道您想说什么！本书内容包罗万象，有了这套书您就如同有了一套地图集，而且还是附有详尽地形图的地图集。这对你们一定大有用处。"

客户："我是为孩子买的，让他从现在开始学习一些东西。"

销售人员："哦，原来是这样。这套书很适合小孩子的。它有带锁的玻璃门书箱，这样您的孩子就不会将它弄脏，小书箱是随书送的。我可以给您开单了吗？"

（销售人员作势要将书打包，给客户开单出货。）

客户："哦，我考虑考虑。你能不能找出其中的某部分比如文学部分，让我们了解一下其中的内容？"

销售人员："本周内有一次特别的优惠抽奖活动，现在买说不定能中奖。"

客户："我恐怕不需要了。"

对客户来讲，"值得买的"不如"想要买的"，客户只有明白产品会给自己带来好处才会购买。在销售时，如果销售人员只把注意力放在销售产品上，一心只想把产品推给对方，甚至为了达到目的不择手段，这样，失去的可能比得到的更多，因为你可能推出了一件产品，但从此失去了一个客户。

这位销售人员给客户的感觉是太以自我为中心了，好像他需要的就是客户需要的。他完全站在自己的角度上对产品进行介绍，然后强加于客户，让客户感觉：这样的书是你需要的，而不是我需要的。

以上的失败只是源于销售人员的疏忽，他自顾自地说话，没有仔细想一想对方的需求，其实客户已给过他机会，只是可惜他没有及时抓住这样的信息。因此，一场不欢而散的谈话所导致的失败结局也就在所难免。

所以在推销某一产品的时候，销售员不要只是说明产品的特点，而要强调产品能为客户带来哪些好处。

客户："我10分钟后还有一个会议要开。"

吴昊："好的，张科长，我会在10分钟内把更适合贵企业的建议案说完，绝不耽误您的时间。

"一辆好的配送车，能比同型货车增加21%的载货空间，并节省30%的上下货时间。根据调查显示，贵企业目前配送的文具用品体积不大，但大小规格都不一致，并且客户多为一般企业，数量多且密集，是属于少量多次进货的形态。一趟车平均要装载50家客户的货物，因此上下货的频率非常高，而且挑选货物时，常有误拿的情形发生。所以，如何正确、迅速地在配送车上拿取客户采购的商品，是提高效率的重点。这点张科长是否同意？"

张科长："对，如何迅速、正确地从配送车上拿出下一家客户要的东西是我们需要立刻解决的问题之一。"

吴昊："配送司机一天中大部分时间都在驾驶位上，因此驾驶位的设置要尽可能舒适，这是配送司机们一致的心声。"

张科长："另外，车子每天长时间在外行驶，车子的安全性绝对不容忽视。"

吴昊："张科长说得很对，的确，一辆专业配送车的设计，正是要满足上面这些功能。本企业新推出的××型专业配送车，正是为满足客户对提高配送效率而专门开发设计出来的。它除了比一般同型货车超出了15%的空间外，并设计有可调整的陈放位置，可依空间大小的需要，调整出0～200个置物空间，最适合放置大小规格不一致的配送物，同时能活动编号，可依据号码迅速取出配送物。贵企业目前因为受制于货车置货及取货的不便，平均每趟只能配送50个客户，若使用此种型号的配送车，可调整出70个置物空间，经由左、右门及后面活动门依编号迅速取出客户所要的东西。

“配送车的驾驶座，如同活动的办公室。驾驶室的位置调整装置能依驾驶人的特殊喜好而做适当的调整。坐椅的舒适度，绝对胜过一般内勤职员的椅子，并且右侧特别设置了一个自动抽取式架子，能让配送人员书写报表及单据，使配送人员能感到企业对他们的尊重。

“由于配送车在一些企业并非专任司机使用，而采取轮班制，因此，车子的安全性方面的考虑更是重要。××型配送车有保护装置、失误动作防止装置、缓冲装置等。另外还有电脑安全系统控制装置，能预先防止不当的操作给人、车带来的危险。贵企业的配送人员也常有轮班、换班的情形，使用本车能得到更大的保障。”

张科长：“××型配送车听起来不错。但目前我们的车子还没到企业规定的汰旧换新的年限，况且停车场也不够。”

吴昊：“科长您说得不错。停车场地的问题，的确给许多成长中的企业带来一些困扰。贵企业业务在科长的领导下，业绩每年增长15%，为了配合业务成长，各方面都在着手提升业务效率。若贵企业使用××型配送车，每天平均能提升20%的配送量，也就是可以减少目前1/5的配送车辆，相对的，也可以节省1/5的停车场地。

“贵企业的车子目前仍未达到企业规定的使用年限，淘汰旧车换新车好像有一些不合算。的确，若是贵企业更换和目前同型的车子，当然不合理，可是若采取××型专业配送车，不但可以因提高配送效率而降低整体的配送成本，而且还能节省下停车场地的空间，让贵企业两年内不需为停车场地操心。

“据了解，目前贵企业50辆配车中有10辆已接近汰旧换新年限，是否请科长先同意选购10辆××专业配送车，旧车我们会以最高的价格估算出来。”

在吴昊充分进行了利益解说之后，客户同意签订购车合同。

在本案例中，吴昊通过对客户的调查发现了他们对配送车的需求特征，就是要提高效率。而提高效率的关键点在于客户配送的东西大小规格都不一致，导致每一辆车的装载量少，装卸速度慢。

在明确了客户的具体需求后，吴昊便有针对性地解说他们公司所提供的配送车的利益点：“它除了比一般同型货车超出了15%的空间外，并设计有可调整的陈放位置……同时能活动编号，可依据号码迅速取出配送物。”

在客户说明原来的车还没有到企业规定的汰旧换新的年限且停车场也不够时，吴昊更是抓住时机说明使用××配送车的利益点。最后，吴昊根据客户的实际情况，建议先将其中10辆接近汰旧换新年限的车换成××型专业配送车。

在整个销售解说过程中，吴昊一直牢牢地把握住客户的需求，并结合自己产品的特性和客户的利益来解说××型专业配送车，让客户在利益需求思考下做出购买决定。

根据对实际的销售行为的观察和统计研究，60%的销售人员经常将特点与好处混为一谈，无法清楚地区分；50%的销售人员在做销售陈述或者说服销售的时候不知道强调产品的好处。销售人员必须清楚地了解特点与好处的区别，这一点在进行销售陈述和说服销售的时候十分重要。

那么推销中强调的好处都有哪些呢？

（1）帮助顾客省钱。

（2）帮助顾客节省时间。效率就是生命，时间就是金钱，如果我们开发一种产品可以帮顾客节省时间，顾客也会非常喜欢。

（3）帮助顾客赚钱。假如我们能提供一套产品帮助顾客赚钱，当顾客真正了解后，他就会购买。

（4）安全感。顾客买航空保险，不是买的那张保单，买的是一种对他的家人、他自己的安全感。

（5）地位的象征。一块百达翡丽的手表拍卖价700万人民币，从一块手表的功用价值看，实在不值得花费，但还是有顾客选择它，那是因为它独特、稀少，是身份地位的象征。

（6）健康。市面上有各种滋补保健的药品，就是抓住了人类害怕病痛死亡的天性，所以当顾客相信你的产品能帮他解决此类问题时，他也就有了此类需求。

（7）方便、舒适。

## 客户不仅喜欢低价，更狂爱免费

现在的商家们每天都在绞尽脑汁地思考怎样获取利润的最大化，但是，你越想掏空消费者的口袋，消费者们则越是捂紧口袋，同商家展开猫捉老鼠的游戏。在这个过程中不少商家消耗了大量的营销费用，收益效果却并不理想。这是为什么呢？

原因很简单，当消费者们感受到商家们贪婪的意图时，自然会本能地产生防卫心理，怎么可能轻易打开钱包呢？

这个时候，精明的商家们可以停下脚步来，换一个思路，拿出一块蛋糕放在脚边，悠闲地等待“馋嘴鼠”自己送上门来。而这块蛋糕，就是——免费。

随着经济的不断发展，国民的生活水平也在不断地提高，这让我们通常误以为脱离了温饱威胁的人们对免费的兴趣会有所减弱，但事实并非如此。

有科学家做过一个调查实验，调查300名低收入者与300名高收入者从超市所购买的商品。他们发现，低收入者并非只挑便宜的商品，他们也会选择一些高价的实用性商品；而高收入者所购买的商品也并不全都像想象中那样的高端，虽然也有部分高档商品，但是其中也包括了很多打折商品和免费赠送的商品。

这个实验让我们了解到，消费者不仅喜欢低价，更狂爱免费。不仅低收入者喜欢免费，高收入者同样喜欢免费。

很多超市、商场常常搞免费赠送、试吃之类的活动，大多数消费者得到赠品之后就离开了。看似商家亏了，但实际上搞这种促销活动的商家每天可以增加8%左右的销量，而这些消费者可能产生的持续购买力所带来的收益会更大。比如销售牛排，消费者原本可能压根就没有购买的计划，但是免费试吃不仅可以打消消费者对产品品质的顾虑，敢于放心购买，同时美味的牛肉也会让消费者产生购买冲动。还有一个比较微妙的因素，那就是，国人都比较好面子，当免费当着人面吃了人家东西，人家又建议购买时，有些人就有了“拿人手短吃人嘴软”的感觉，不太好意思拒绝；再加上如果产品确实不错的话，消费者往往会决定当场购买。

还有就是，消费者在购买商品之前大都会衡量一下商品的价值。经比较后被认为是有价值的商品才会被消费者选择，而非最贵或者最便宜的商品。毕竟，即使再富有，也没人愿意被人当作是“大头”，而且往往越是富有的人越是善于去计算商品的价值，低收入者则更在意商品的价值，由此导致了两者在购买商品时都会先去衡量商品的价值。而免费的商品，无疑是具有绝对价值的。在日常生活中，物美价廉永远是大多数客户追求的目标。免费的产品和服务对于他们来说不啻于是白捡的诱人蛋糕，又有几个人能抵挡得住这种诱惑呢？

有一个周末，小雅去沃尔玛购物。从沃尔玛走出来后，有位西装革履的男士拦住了她：“凭您的购物小票，可以到我们的美容院做一次免费美容体验。”

爱美是女孩子的天性，小雅听后压抑不住自己的惊喜，同时也有些担心上当受骗，所以就愣了几秒钟。只见那位先生非常善意地对着她微笑着说："您别担心，不会要您一分钱的，您长得这么漂亮，唯一的缺憾就是皮肤有点儿干，您有沃尔玛的购物小票我们就可以让您免费做一次护理，让您的皮肤更加水水嫩嫩的。"

就在小雅犹豫之间，那位先生就已经开始很热情地引导小雅进入了旁边的美容院。果然，美容院除了让小雅买了一张一次性小毛巾之外，没有让小雅出一分钱。在高级温馨的美容室里，美容小姐非常耐心周到地为小雅做了整整一小时的面膜和按摩。

小雅心情无比舒畅地闭眼享受着这种惬意。这时，美容小姐一边给她按摩，一边轻轻地对她说："实际上，刚才给你做的美容项目，如果不继续做下去是不会有效果的。由于刚才给您做按摩时使用的是价值上百元的精油，所以我们也做好了亏本的准备了……"

小雅听后不免开始有些愧疚感，毕竟免费享受了如此亲切的服务，心里也难免过意不去，不由兴起了报答这位美容小姐的念头，心想如果再光顾几次，应该可以补偿这种心理亏欠了。于是小雅在美容小姐的引导下办了这家美容店的会员卡。

从那以后，小雅每次去这家美容店的时候，都会被半强迫地购买各种化妆品或是做各类美容护理。小雅虽然很心疼这些哗啦哗啦抽出去的钞票，但仍自我安慰："如果花钱可以变漂亮的话，还是挺划算的，再说美容小姐人又那么好。"在这种心态下，小雅不断出入该美容店，最终花费了好几万块钱。

现在，整个社会已经被"免费"所萦绕，免费营销比以往的营销手段更强烈地吸引着消费者，各类免费产品、免费服务以及免费体验蜂拥而至。怎样才能让免费营销真正有效，将免费营销的午餐，做成一席皆大欢喜的盛宴呢？

**一、副产品免费带动主产品销售**

比如充话费送手机。还有就是苹果公司在推出 iPod 时也用了这一招，他们用副产品免费提供音乐下载来促销 iPod，结果使 iPod 全球热卖。其实，相比 iPod 昂贵的价格，其提供免费音乐来促销的成本完全可以忽略不计。

**二、零首付形式的“免费”**

这种方式类似于分期付款，消费者可通过信用担保，以零首付的方式购买商品，然后再分期偿还。虽然消费者一时不用付款，但是累计支付的金额远高过一次性付款的金额。因为分期付款，每次还款时看来款项都不高，压力也不大，所以受到欢迎；而不用付费就可以马上拿到心仪的商品，这样可以极大地刺激消费者进行冲动消费。这对于一些价格昂贵的商品可谓是一个刺激销售的好方法，如高档手机、笔记本电脑等。

**三、由免费衍生收费**

现在很多娱乐场所都会在某些时候采取一种策略，使多位顾客光顾，其中一名顾客可以免票或免去相关费用。比如游乐园对儿童免门票，吸引来的自然是带着儿童的父母。不过很多采用此种免费策略的商家手段单一，方法僵硬，使消费者一眼识破其伎俩，产生反感，因此效果不佳。

**四、免费产生消费**

先免费提供商品，然后通过商品的副产品消费或提供的服务获利。比如美国很多电动车生产企业为了拓展市场，推出电动车免费赠送的营销活动，消费者只要签订一份使用协议，不花一分钱就可以把最新型的电动车开回家。但是，该企业的电动车只能到该厂特设的充电站去充电；当电池寿命耗尽时，也只能去厂家更换配套的电池。该企业电动车免费了，之后依靠价格较高的电池与充电费用赚钱。这种方式可行吗？事实证明，企业第一年收回成本，第二年就开始盈利，并且因此迅速地打开了大家一直犹豫观望的电动车市场。

**五、互利免费**

企业为消费者提供免费产品或服务，消费者在受益的同时，成为广告的接收者或传递者，最终促进收费产品销售。比如洗衣机生产者可以在说明书中推荐使用某品牌的洗衣粉或洗涤液，而洗衣粉生产企业则在洗衣粉包装上推荐特定品牌洗衣机或其他产品。这种互利形式使双方都可以免费得到广告宣传的机会，而这种建立于双方品牌影响力基础之上的相互背书式推荐宣传的效果，又远胜过硬性广告传播。

**六、免费转嫁**

比如通用汽车下属的一家4S店曾经出色地搞过一次消夏赏车晚会。组织者找到一家啤酒厂、一家汽车装饰美容店、一家地产公司进行合作，举行喝啤酒大赛与汽车知识问答比赛。啤酒厂提供饮品，汽车装饰美容店提供奖品，地产公司则负责前期的宣传品印制与邮寄工作，同时共享了地产公司与汽车4S店相同的客户资源。各合作企业都可以在现场摆放展板、发放宣传品和优惠券，同时又获得在电视台与广播电台曝光的机会。整个活动，这家4S店花费不足千元，却红红火火地招待了消费者，同时也大做了一次广告，皆大欢喜。

**七、用免费吸引人气**

比如百事可乐公司则与电玩制作公司合作，推出了一款《百事超人》的游戏，作为购买饮料的附赠品或奖品免费送给顾客，年轻人在有趣的游戏中无形接收了各种百事可乐的广告信息，促进了百事可乐的品牌建设。

**八、通过免费获得综合收益**

比如在美国，Google采用了一种为使用者免费提供电话查号的服务，让美国的用户不再需要花钱去查号，只要在Google上就可以免费快捷地查到号码，用户数量多到惊人。而Google不仅仅收获了大量点击率带来的广告收益，更重要的是获得了价值上千万美元的数据资料，而这些资料正是Google下一步进军手机语音搜索市场所必需的。

# 第三章

# 洞察：细节里窥见客户的心理动向

## 在对话中判断对方性格

任何一种客户的性格都要在我们进行分析后才会得出结论，分析来源于资料，资料来源于聆听。

许多销售人员把“你希望别人怎样待你，你就怎样对待别人”视为推销的黄金准则。问题是，业务员的性格和处事方式并非与客户完全一样，业务员按照自己喜欢的方式对待客户，有时会令客户不愉快，从而给成功投上阴影。业务员按照客户喜欢的方式对待客户，才会赢得客户的喜欢。

销售人员在面对一位潜在客户时，必须清楚地了解自己和客户的行为方式是什么，使自己的行为恰如其分地适合于客户的需要。销售人员要学会用客户希望的方式与之交往，要学会用人们希望的方式向他们出售，要学会调整自己的行为、时机选择、信息、陈述以至要求成交的方式，以便使自己的行为适合于对方。

所以，在销售沟通过程中就要求销售人员及时分析客户的性格以便适应。一般情况下，我们可以将客户的性格特征和行为方式按照行事的节奏和社交能力分为四种类型，并分别用四种动物来表示：

**一、老鹰型的性格特征**

老鹰型的人做事爽快，决策果断，通常以事实和任务为中心，他们给人的印象是不善于与人打交道。这种人常常会被认为是强权派人物，喜欢支配人和下命令。他们的时间观念很强，讲求高效率，喜欢直入主题，不愿意花时间同人闲聊，讨厌自己的时间被浪费。所以，同这一类型的客户长时间交谈有一定难度，他们会对事情主动提出自己的看法。

由于他们追求的是高效率，他们的时间观念很强，所以，他们考虑的是他们的时间是否花得值；他们会想尽办法成为领先的人，希望具有竞争优势，向往“第一”的感觉，他们需要掌控大局，往往是领袖级人物或总想象自己是领袖级人物；对他们来说，浪费时间和被别人指派做工作，都是难以接受的。

**二、猫头鹰型的性格特征**

这类人很难让人看懂，做事动作缓慢。他们在交流中音量小而且往往处于被动的一方，不太配合对方的工作。如果对方表现得很热情，他们往往会难以接受。

他们喜欢在一种自己可以控制的环境下工作，习惯于毫无创新的守旧的工作方式。他们需要与人建立信任的关系。个人关系、感情、信任、合作对他们很重要。他们喜欢团体活动，希望能参与一些团体，而在这些团体中发挥作用将是他们的梦想。另外要注意，他们不喜欢冒险。

**三、鸽子型的性格特征**

该类人友好、镇静，做起事来显得不急不躁，讲话速度往往适中，音量也不大，音调会有些变化。他们是很好的倾听者，也会很好地配合对方。他们需要与人建立信任关系。他们喜欢按程序做事，且以稳妥为重，即使要改革，也是稳中求进。他们往往多疑，安全感不强，在与人发生冲突时会主动让步，在遇到压力时，会趋于附和。

**四、孔雀型的性格特征**

孔雀型的人基本上也属于做事爽快、决策果断的人。但与老鹰型的人不同的是，他们与人沟通的能力特别强，通常以人为中心，而不是以任务为中心。如果一群人坐在一起，孔雀型的人很容易成为交谈的核心，他们很健谈，通常具有丰富的面部表情。他们喜欢在一种友好的环境下与人交流。社会关系对他们来讲很重要。他们给人的印象一般是平易近人、朴实、容易交往。

孔雀型的人做决策时往往不关注细节，凭感觉做决策，而且速度很快，研究表明，三次的接触就可以使他们下决心。同时，他们也喜欢有新意的东西，那些习以为常、没有创意、重复枯燥的事情往往让他们倒胃口。

在销售过程中，我们可以依靠对方的声音要素和做事的方式来进行判断。但如果是第一次与客户交流，可能对客户的做事方式了解得还不够，所以，声音要素就成了我们在第一时间判断客户性格特征的重要依据。

怎样判断对方讲话的速度是快还是慢，声音是大还是小呢？一般来说，老鹰型的人和孔雀型的人讲话声音会大些，速度会快些，而鸽子型和猫头鹰型的人则相反。所以，通过对方讲话的速度和音量可以判断他是属于老鹰型和孔雀型的人，还是鸽子型和猫头鹰型的人。

对方是热情还是有些冷淡？对方在讲话时是面无表情呢，还是眉飞色舞？对方是否友好？一般来说，老鹰型和猫头鹰型的人，在交流中会让人觉得有些冷淡，不轻易表示热情，销售人员可能会觉得较难与其打交道；而孔雀型的人和鸽子型的人则是属于友好、热情的。

通过对话交流识别了客户的性格特征之后，我们应该尽可能地配合客户的性格特征，然后再影响他。举例来说，如果客户的讲话声音很大，我们也要相应提高自己的音量；如果客户讲话很快，我们也要相应提高语速。然后，我们再慢慢恢复到正常的讲话方式，并影响客户也将音量放低或放慢语速。

## 从“话外之意”揣摩客户的心理

销售过程中及时领会客户的意思非常重要。只有及时领会客户的意思，读懂其弦外之音，才能有针对性地给予答复，消除其顾虑，并为下一步的销售创造条件。

迈克是一家公司的销售人员，这个公司专门为高级公寓小区清洁游泳池，还包办一些景观工程。伊蓝公司的产业包括12幢豪华公寓大厦。迈克为了拿下这个项目和伊蓝公司董事长史密斯先生交谈。

[案例一]

史密斯：“我在其他地方看过你们的服务，花园弄得还算漂亮，维护修整做得也很不错，游泳池尤其干净。但是一年收费100000元，太贵了吧？”

迈克：“是吗？你所谓‘太贵了’是什么意思？”

史密斯：“现在为我们服务的C公司一年只收80000元，我找不出要多付20000元的理由。”

迈克：“原来如此，但你满意现在的服务吗？”

史密斯：“不太满意，以氯处理消毒，还勉强可以接受，花园就整理得不太理想；我们的住户老是抱怨游泳池里有落叶。住户花费了那么多，他们可不喜欢住的地方被弄得乱七八糟！虽然给C公司提了很多次，可是仍然没有改进，住户还是三天两头打电话投诉。”

迈克：“那你不担心住户会搬走吗？”

史密斯：“当然担心。”

迈克：“你们一个月的租金大约是多少？”

史密斯：“一个月3000元。”

迈克：“好，这么说吧！住户每年付你36000元，你也知道好住户不容易找。所以，只要能多留住一个好住户，你多付20000元不是很值吗？”

史密斯："没错，我懂你的意思。"

迈克："很好，这下，我们可以开始草拟合约了吧？什么时候开始好呢？月中，还是下个月初？"

[案例二]

史密斯："我对你们的服务质量非常满意，也很想由你们来承包。但是，100000元太贵了，我实在没办法。"

迈克："谢谢你对我们的赏识。我想，我们的服务对贵公司很适用，你真的很想让我们接手，对吧？"

史密斯："不错。但是，我被授权的上限不能超过90000元。"

迈克："要不我们把服务分为两个项目，游泳池的清洁费用45000元，花园管理费用55000元，怎样？这可以接受吗？"

史密斯："嗯，可以。"

迈克："很好，我们可以开始讨论管理的内容……"

[案例三]

史密斯："我在其他地方看过你们的服务，花园很漂亮，维护得也很好，游泳池尤其干净。但是一年收费100000元，太贵了吧？我付不起。"

迈克："是吗？你所谓'太贵了'是什么意思呢？"

史密斯："说真的，我们很希望从年中，也就是6月1号起，你们负责清洁管理，但是公司下半年的费用通常比较拮据，半年的游泳池清洁预算只有38000元。"

迈克："嗯，原来如此，没关系，这点我倒能帮上忙，如果你愿意由我们服务，今年下半年的费用就38000元，另外62000元明年上半年再付，这样就不会有问题了，你觉得呢？"

迈克能及时领会史密斯的话，巧妙地做出适当的回应，并不断地提出益于销售的有效方案，使事情朝越来越好的方向发展。如果迈克没有及时领会史密斯的话，就无法很好地解除对方的疑虑。

对于推销人员来说，客户的某些语言信号不仅有趣，而且肯定地预示着成交有望。很多销售人员在倾听客户谈话时，经常摆出倾听客户谈话的样子，内心却迫不及待地等待机会，想要讲他自己的话，完全将“倾听”这个重要的武器舍弃不用。如果你听不出客户的意图，听不出客户的期望，那么，你的销售就会跟射错了方向的箭一样徒劳无功。

要是一个推销人员忙于闲谈而没有听出这些购买信号的话，那真的非常可惜。

除了领会客户的话外之音，还需要掌握一些沟通技巧，从客户的话语中挖掘深层次的东西；而在领会客户的意思以后，要及时回答；当客户犹豫不决时，要善于引导客户，及时发现成交信号，提出成交请求，促成交易。

## 读懂客户的肢体语言

一个人想要表达他的意见时，并不见得需要开口，有时肢体语言会更丰富多彩。有人统计过，人的思想多半是通过肢体语言来表达的。我们对于他人传递的信息内容的接受，10%来自于对方所述，其余则来自于肢体语言、神态表情、语调等。

下面简要列举一些常见的肢体语言，希望能通过这样的破译助你和客户的沟通顺畅。

（1）客户瞳孔放大时，表示他被你的话所打动，已经准备接受或在考虑你的建议了。

（2）客户回答你的提问时，眼睛不敢正视你，甚至故意躲避你的目光，那表示他的回答是“言不由衷”或另有打算。

（3）客户皱眉，通常是他对你的话表示怀疑或不屑。

（4）与客户握手时，感觉松软无力，说明对方比较冷淡；若感觉太紧了，甚至弄痛了你的手，说明对方有点虚伪；如感觉松紧适度，表明对方稳重而又热情；如果客户的手充满了汗，则说明他可能正处于不安或紧张的状态之中。

（5）客户双手插入口袋中，表示他可能正处于紧张或焦虑的状态之中。另外，一个有双手插入口袋之癖的人，通常是比较神经质的。

（6）客户不停地玩弄手上的小东西，例如圆珠笔、火柴盒、打火机或名片等，说明他内心紧张不安或对你的话不感兴趣。

（7）客户交叉手臂，表明他有自己的看法，可能与你的相反，也可表示他有优越感。

（8）客户面无表情，目光冷淡，就是一种强有力的拒绝信号，表明你的说服没有奏效。

（9）客户面带微笑，不仅代表了友善、快乐、幽默，而且也意味着道歉与求得谅解。

（10）客户用手敲头，除了表示思考之外，还可能是对你的话不感兴趣。

（11）客户用手摸后脑勺，表示思考或紧张。

（12）客户用手搔头，有可能他正试图摆脱尴尬或打算说出一个难以开口的要求。

（13）客户垂头，是表示惭愧或沉思。

（14）客户用手轻轻按着额头，是困惑或为难的表示。

（15）客户顿下颌，表示顺从，愿意接受销售人员的意见或建议。

（16）客户颌部往上突出，鼻孔朝着对方，表明他想以一种居高临下的态度来说话。

（17）客户讲话时，用右手食指按着鼻子，有可能是要说一个与你相反的事实、观点。

（18）客户紧闭双目，低头不语，并用手触摸鼻子，表示他对你的问题正处于犹豫不决的状态。

（19）客户用手抚摸下颌，有可能是在思考你的话，也有可能是在想摆脱你的办法。

（20）客户讲话时低头揉眼，表明他企图要掩饰他的真实意图。

(21) 客户搔抓脖子，表示他犹豫不决或心存疑虑；若客户边讲话边搔抓脖子，说明他对所讲的内容没有十分肯定的把握，不可轻信其言。

(22) 客户捋下巴，表明他正在权衡，准备做出决定。

(23) 在商谈中，客户忽然把双脚叠合起来（右脚放在左脚上或相反），那是拒绝或否定的意思。

(24) 客户把双脚放在桌子上，表明他轻视你，并希望你恭维他。

(25) 客户不时看表，这是逐客令，说明他不想继续谈下去或有事要走。

(26) 客户突然将身体转向门口方向，表示他希望早点结束会谈。

当然，客户的肢体语言远不止这些，平时善于察言观色的客服人员，再加上阅人无数的工作，一定可以总结出一套行之有效的方法。

## 百般辨别“石头”顾客

有些时候，尽管推销员做出很多努力，但仍无法打动顾客。他们明确地用消极的信号告诉你，自己并不感兴趣。推销员与其继续游说，不如暂停言语，相机而动。

一般来说，如果一个顾客明显做出下列表情，就说明他已经进入消极状态。

**一、眼神游离**

如果顾客没有用眼睛直视推销员，反而不断地扫视四周的物体或者向下看，并不时地将脸转向一侧，似乎在寻找更有趣的东西，这就说明他对推销的产品并不感兴趣。如果目光呈现出呆滞的表现，则说明他已经感到厌倦至极，只是可能碍于礼貌不能立刻让推销员走开。

**二、表现出繁忙的样子**

假如顾客一见到推销员就说自己很忙，没有时间，以后有机会一定考虑相关产品；或者在听推销员解说的过程中不断地看手表，表现出有急事的样子，说明他可能是在应付推销员。

实际上，他很可能并没有考虑过被推销的产品，也不想浪费时间听推销员的解说。而如果推销员没有足够的耐心引导他进行购买，交易将很难成交。

**三、言语表现**

如果顾客既不回应，也不提出要求，更没让推销员继续做出任何解释，而是面无表情地看着推销员，说明顾客感到自己受够了，这个聒噪的推销员可以立刻走人了。

**四、身体的动作**

顾客在椅子上不断地动，或者用脚敲打地板，用手拍打桌子或腿、把玩手头的物件，都是不耐烦的表现。如果开始打呵欠，再加上头和眼皮下垂，四肢无力地瘫坐着，就表明他感到推销员的话题简直无聊透顶，他都要睡着了，即使推销员硬说下去，也只会增加他的不满。

面对顾客的上述表现，推销员可以做出最后一次尝试，向顾客提出一些问题，鼓励他们参与到推销之中。如果条件允许，可以让顾客亲自参与示范、控制和接触产品，以转变客户对产品冷漠的态度。如果客户的态度仍不为所动，则你可以尝试退一步的策略，即请顾客为公司的产品和自己的服务提出意见并打分，如果顾客留下的印象是正面的，或者下一次他想购买相关产品时，就会变成你的顾客。在这一过程中，一定要保持自信和乐观、热情的态度，不应因为遭到拒绝而给客户脸色看。

## 满足客户的隐含期望

一些期望只有在它们没有得到满足的时候才会浮出表面，它们通常被理解为必然的或者是理所当然可以获得的。例如，我们期望周围的人要注意的礼貌，只有当我们遇到一个特别粗鲁的人时才会表示出不满。类似的这些期望存在于潜意识中，因为只有当客户经历的服务低于特定的合理界限时，它们才会成为影响满意度的重要因素。

一家公司与它的客户之间的大多数互动和交往都发生在一定的范围之内，这使得大多数互动都成为了惯例。一般不会有什么东西使客户特别满意或者不满意。我们不会过多考虑这些遭遇。但为了让客户真的满意，以至于他们必定会回来并且会对公司进行正面的口头宣传，公司必须超出他们的期望。公司必须做些事情吸引住客户的注意力，诱使他发出赞叹："哇！我真的是没有想到！"

许多年前，巴诺斯先生经历过一次令人激动的经历。当时是二月份，他从多伦多到 Halifax 去参加一个商务会议。傍晚的时候，出租车将巴诺斯先生带到了 Halifax 市中心的 Delta Barrington 酒店的门前。天色已经暗了下来，下着小雨，但他决定吃饭前痛痛快快地出去跑一会儿，于是就穿上运动衣绕着 Point Pleasant Park 跑了个来回。一个小时以后，他回到了酒店，这时他的身上已经湿透了。他希望能悄悄走进电梯而不要打扰其他的客人，因为客人们与一个浑身湿透、不停滴水的中年人一起坐电梯的时候会感到很不舒服。

当巴诺斯穿过大厅的时候，前台传来了一个声音："先生，我们能为您把衣服弄干吗？"他往传来这个意外问候的方向望去，发现一个服务生站在旁边。服务生走上前来，说道："巴诺斯先生，您明天不打算穿这些湿透的衣服进会议室吧？让我们帮您烘干它们吧。"这令巴诺斯感到惊奇，他向服务生表示感谢并且和他约定，将这些还在滴水的运动衣和其他衣服，装在洗衣袋里放在巴诺斯的门外。

9 点半左右的时候巴诺斯回到了房间，他的运动衣不仅已经烘干了，甚至还洗过熨好并且整整齐齐地放在床头！而这几乎是他的运动服第一次被熨过。

我们中的大多数人作为客户的时候，不会将我们的标准或者期望毫无道理地提得很高，通常它们会得到满足，但并不会让我们喜出望外。同样，大多数公司并不能成功地做到让客户特别满意。大多数公司的工作是按部就班的。问题在于，如果你做的每件事情都是按部就班的，那么你做的可能是不够的。只有超出客户的期望，让他们惊叹，你才能做到高人一等。

所以，我们在与客户接触的时候，一定要细心一些，多个心眼儿，多注意观察客户隐含的期望，适时地与他们的隐含期望相对接。

# 第二篇

# 推销心理学

# 第一章
# 别被顾客挡在门外

## 三分钟提案突破秘书关

大多数秘书一般不会对第一次与之打交道的供应商存有成见。你只要做一件事就行了：把你要找的人的名字或职务告诉她，她就会替你接通或是告诉你何时可以来电。

在进行电话行销时，只有找到决策人才算是沟通的开始，因为非决策者无法对你所提供的产品和服务做出购买的决定，甚至根本不感兴趣，所以商务电话沟通最重要的一点是如何找到真正的购买者。能做决策的购买者往往是公司或企业的高层或负责人，在找到他们之前，电话往往迂回地被对方的秘书或接线员挡驾。所以学会如何在短时期内，甚至在三分钟内突破这些秘书的挡驾也将是一个重要的环节。因此，你就要好好做好这三分钟提案，以此突破秘书关。

对于电话行销人员来说，带有否定意味的语言对达成共识百害而无一利。大多数人在打电话时会这样提问：“你好，腾飞公司吗？请问，经理现在有时间吗?”接线人就会说：“你下午打来吧。”你准备了大半天的好态度，被她一句话就给对付了。错在哪里？错就错在你不懂得语气是个什么概念，语气会传达出什么样的暗示效果。

什么是语气？你的询问方式正是一种语气。

某公司经理曾这样说：“有时我看着业务新手打电话，真让我啼笑皆非。我说，你怎么不问他们经理今天呼吸吗？你可以等他忙完了再打吗？那你就永远也不要打了。”

所以说，绕障碍的时候，不要先去问人家有没有时间，而要表达出这个电话的重要性。

绕障碍时，你可以暗示出你与拍板人有一定的关系，也可以暗示这个电话是不容耽误的，或使用其他技巧避免说出具有否定意味的话。

这种时候，你可能会遇到对你的业务感兴趣的秘书，但你要明白负责人才有权采购货品，秘书并不具备这种权力，尽管她可能会有兴趣，但同她谈生意是没有意义的。假如秘书想知道你要求约见的原因，你只能笼统地回答，详情如颜色、尺寸、价格等对采购部负责人才有意义的，用不着告诉秘书。对秘书讲的话要尽可能少，其原因如下：

（1）如果是由秘书把你谈的详情转达给采购部负责人，虽然你讲得很诱人，但她的转达可能会有出入。

（2）你讲的话可能会被曲解。

（3）就买方的特殊要求而言，你的商品的真正优势可能体现不出来。

有时候，推销员在过秘书这一关时，总喜欢用提问的语言，可是有些时候提问也会引起接线人的纠缠，引得你不得不谈问题。所以，应避免在绕障碍时信口提问。有些人说：“如果你想让人听你讲话，你首先就要给对方制造出一种积极心理，让他乐于听你讲话。”然后又说，“最有效的方法是，通话时先问对方：‘我现在可以同您交谈吗？’”接着就想当然地猜测说：“对方会因为你尊重了他的时间，就有了与你通话的愿望。”

这种开场白说了之后，的确会使接线人意识到对方把谈话的主动权交给了自己，从而减少了一些电话暴力的印象，但是我们不提倡在绕障碍时用这种方法向接线人提问。比如说，“请问您现在有时间吗？我找一下你们经理，他在不在？”你这样说，就做出一个想跟接线人深入交谈的架势。这种暗示是错误的，就算接线人刹那间感到了你那脉脉的温情，同时也会产生警觉，接下来就会问你："你到底是谁？你什么事？你要做什么？你要求什么？"这会给绕障碍造成很大的麻烦。

有一点要特别注意：接线人之所以有问题，是电话行销人员引导他们提问的。而如果接线人没有问题，不是因为他没有想法，而是你给了他信任，当信任大于问题时就没有什么问题了。

那么如何才能顺利突破秘书关？下面的法则可供参考：

**一、恳求帮助法则**

每个人内心深处都有贡献他人和社会的情怀，有帮助他人的意愿。所以突破秘书关的第一个方法就是帮助法则。

"××小姐，您好！我有急事需要马上跟张总商讨一下，您可不可以帮我把电话直接转给张总？"提出这个愿望，同时你说的话又讲得非常贴切有礼貌，对方就很难拒绝。

**二、妙用私事法则**

"我找王总。"

"请问你找王总有什么事情？"

"我跟王总之间有些个人私事，麻烦帮我转接他的电话。"

"好吧，我帮你转进去。"一般的秘书害怕涉及总裁的隐私，万一处理不好她就要被炒鱿鱼，她觉得不太合算，就会马上给你转进去。不过，你讲话的语言、声音要让她感觉到你确实跟总裁之间有私事、私交、私情。

**三、赞美须恰如其分**

如果一位秘书听到了对她非常巧妙的赞美，而且这些赞美的语句在她的生活当中从来没有遇到过，她会非常高兴的。很多人往往都会在电话中这样赞美别人："喂，小姐，你好漂亮！""噢，你没有看到我，怎么会知道我很漂亮？""啪"的一声把你的电话挂断了，因为你的赞美不切实际。你在这个时候的赞美一定要非常贴切，赞美秘书的时候一定要能够建立跟秘书的亲和力。"×××秘书，你的声音真的是我听过的最动听的声音。

一听到你的声音我就感觉到你真的是非常有涵养。”

**四、让秘书觉得你是一流人物**

你可以在接通电话后，马上用和缓的口吻问一下对方的姓氏：“您好，请问您是哪位?”这样就在错觉上扭转了双方立场上的关系。因为，当你要求对方报出姓名时，本来是代表着权威的接线人立即就被拉到了一般水准。她甚至会觉得不可以不认真对待这个电话，否则，就会有一些责任上的追究。当对方想尽快解除心理上的压力时，就把相关的信息泄露了出来。如果自己觉得在绕过秘书这道障碍时没有把握，你可以先把你要说的话或采取的说话方式以提案的形式写在纸上，打电话的时候就多了一份信心和底气。再者还要注意，打电话时应尊重对方的员工，一开始就取得他们的信任及好感，对以后的工作将有极大帮助。

## 像商品一样，把自己最好的一面展示在顾客面前

优秀的销售员在与他人分享自己的经验时，总会说到这样一句话，“销售产品前，首先是销售你自己”，或者“销售就是销售自己”。

“形象就是自己的名片”，给客户留下的第一印象，决定了一个销售员能否让客户接受并购买产品。对于销售员来说，个人的形象十分重要，要想销售产品，首先要将自己推销给客户，只有客户接受了你，他才会考虑你的产品。

销售员的外表和修饰在客户心目中会直接影响所销售产品本身的质量。销售员作为产品与客户之间的纽带，其外形和举止是决定客户是否购买的关键因素，因为让客户满意就等同于客户的“安心”需求得到满足。

在留给客户的第一印象中，衣装的决定作用高达95％。当销售人员穿着得体、修饰恰当、皮鞋锃亮，是一个专业的职业形象时，客户会第一时间下意识地判断这个销售员的背后是一个优秀的公司，且其具备优质的产品或服务。而守时、礼貌、

准备充分的行为同样会给客户留下积极的印象。这些好的印象会像光圈一样扩展到销售员所销售的产品或服务上。

相反，如果一个销售人员衣着邋遢、不修边幅，或者有迟到、举止轻率、零乱等行为，“所看即所得”的印象会让客户对其充满质疑。客户会想当然地认为销售员所在的公司是一家二流甚至三流的公司，提供的产品或服务也不会好到哪里去。

吴坤刚来公司时和一般人一样，都是从普通的业务员做起。为了工作需要，公司统一发了一套西服，但需交服装押金300元。由于他刚毕业，这又是第一份工作，手头比较紧张，而且他嫌西服过于正式，干脆就不穿西服了。吴坤平时喜欢穿休闲装，他觉得，一个男人穿着西服，却骑着一辆自行车，简直不伦不类。所以，上门谈业务时，他没有按公司的要求，而是一如既往地穿着一身休闲装；同时，他也不太在乎客户的感觉，说话大大咧咧，行为举止显得十分不雅。因此，虽然他每天出入于写字楼和高档宾馆做业务，但几个月下来一项业务也没有做成。

一天，当吴坤敲开一家客户的门时，女主人在门缝里对他说：“你来晚了，他带着孩子到河边去了，你到那里去找他吧。”吴坤一听，就显得特别不高兴，这种情绪马上反映在脸上，他刚想发挥口才，但门已关上了。

当吴坤扫兴地走下台阶时，一个女孩儿冲他打招呼：“嗨，能陪我打一会儿网球吗？”

反正业务也吹了，有漂亮女孩儿相陪也能解闷。吴坤与女孩儿打了三局，女孩对他的球技非常欣赏。谈话中，吴坤告诉她自己是某公司的业务员，运气不好，一直未能说服客户。

女孩儿问吴坤：“你平时也穿休闲装与客户谈业务吗？”他点点头。女孩儿背起球拍对吴坤说：“只有在网球场上我才理你，如果你是这样的脸色、行为举止以及这身打扮到我家谈业务，我也不会理你！”

真是这样吗？第二天，吴坤改变习惯，换上了一套西服，礼貌地再次敲响客户的门。这次还真的成功了！从此他开始注重自己的仪表装束，业务进展很快，一年后便当上了部门经理。

当然，印象的形成不单单只以外表为参照标准，表情、动作、态度等也非常重要，即使你长得不是很漂亮，只要充满自信，态度积极诚恳，同样会感染、感动客户。

日本著名的销售大师原一平先生根据自己50年的推销经验，总结出了“整理服饰的8个要领”和“整理外表的9个原则”。

整理服饰的8个要领：

（1）与你年龄相近的稳健型人物，他们的服装可作为你学习的标准。

（2）你的服装必须与时间、地点等因素符合，自然而大方，还得与你的身材、肤色相搭配。

（3）衣着穿得太年轻的话，容易招致对方的怀疑与轻视。

（4）流行的服装最好不要穿。

（5）如果一定要赶流行，也只能选择较朴实无华的。

（6）要使你的身材与服装的质料、色泽保持均衡状态。

（7）太宽或太紧的服装均不宜，大小应合身。

（8）不要让服装遮掩了你的优秀素养。

整理外表的9个原则：

（1）外表决定了别人对你的第一印象。

（2）外表会显现出你的个性。

（3）整理外表的目的就是让对方看出你是哪一类型的人。

（4）对方常依你的外表决定是否与你交往。

（5）外表就是你的魅力表征。

（6）站姿、走姿、坐姿是否正确，决定你让人看起来顺不顺眼。不论何种姿势，基本要领是脊椎挺直。

（7）走路时，脚尖要伸直，不可往上翘。

（8）小腹往后收，看来有精神。

（9）好好整理你的外表，会使你的优点更突出。

## 感动接待人员，变销售障碍为签单的桥梁

陈成是推销水泥用球磨机的业务员，他认为某市是个水泥厂集中的地区，对球磨机的需求肯定不小，于是他打点行装就过去了。

通过走访，陈成了解到，不久之前，有一家外资企业在此刚刚开业，他们的悬窑生产线采用了世界上最先进的技术，其球磨机对铸球料的质量要求极高。如果能和这家大企业建立起购销关系，该地区其他小厂肯定会纷纷效仿。

做好准备后，陈成就登门拜访去了。没想到刚到大门前，他就被门卫非常客气地挡在了外面。在出示了一系列证件后，门卫才帮他拨通总经理办公室的电话。可想而知，陈成遭到了拒绝。

跑了上千公里路，结果连人家的厂门也没有进去，陈成当然很不甘心。他想，阻拦自己的是谁呢？是门卫。所以，他就在门卫身上下起了功夫。

陈成使尽了各种方法，门卫都不愿意放他进去，门卫说："我不会让你进去的！你要搞清楚，我好不容易才得到这份工作，请你不要给我添乱了！"

陈成见正面请求没有见效，于是，就转换策略与门卫拉起了家常。门卫开始不愿意与他多说话，后来见他比较真诚，就爱搭不理地应付了几句。

到了后来，两人竟然聊得很投机，陈成就对门卫说："大哥，我这份工作来得也不容易啊！这次我跑了上千多公里路来到这里，如果连你们的厂门都进不去的话，我的饭碗可能会保不住。但我知道您也不容易，就不难为您了，我打算明天就回去，以后记得常联系啊！"

门卫就动了真感情，悄悄告诉他说："总经理每天早上 8 点准时进厂，如果你有胆量，就堵住他的车。记住，他乘坐的是一辆白色宝马。我只能帮你这么多了。"

获此消息，陈成喜不自禁。第二天天刚蒙蒙亮，他就开始在厂外等候，并终于见到了总经理。经过一番艰苦的谈判，厂

方订了一大批货。

对于那些上门做业务的推销员而言，门卫、秘书等接待人员往往成为他们接触负责人的最大障碍。因此，推销员首先应取得这些人的认可，才有可能达到签单的目的。

在案例中，推销员陈成为了拿下一个大客户而登门拜访，但始终过不了门卫这一关，无论他怎样请求，都无济于事。门卫不放推销员进去是在履行自己的职责，也就是说此时的门卫正在使用左脑思考，推销员要想进入公司，就必须改变策略，让门卫放弃使用左脑。

陈成不愧为一个左右脑推销的高手，他及时转变了策略，与门卫拉起了家常，这是一个典型的右脑策略。两人越聊越投机，最后陈成说："大哥，我这份工作来得也不容易啊！……以后记得常联系啊！"这句话同样是直接作用于门卫的右脑，尤其是"大哥"这个非正式的称呼更是拉近了两个人的距离，获得了对方进一步的好感。最终，右脑策略取得了成功，门卫彻底放弃了左脑的理性思考，而向他透露了总经理的信息，陈成最终见到了总经理，成功签约。

可见，当推销员遭到接待人员的拒绝后，千万不要灰心，而是要积极发挥自己右脑的实力，与他们搞好关系，一旦获得了接待人员的认可，由于他们对负责人的情况比较了解，就可以变障碍为桥梁，顺利达到你的目的。

## 以朋友介绍的名义开场，消除客户的戒备心

刚辞职"下海"的张娟做起了推销日用化妆品的工作，由于是新手，又摸不清客户心理，因此推销的成绩很不理想，一连几天都没有把东西推销出去，因此她心里焦急万分，便想打退堂鼓。不料，这时突然"柳暗花明"了。那一天，她又在推销。进入一家商店时，正好碰上了以前高中时的同学王丽。

得知张娟正在推销化妆品后，王丽为她介绍了一个熟人——一位百货公司化妆品部经理。

张娟高兴极了，第二天她就登门拜访了这位经理。

“您好，是李总吗？我是王丽的朋友，是她介绍我认识您的。王丽是我高中同学，而且同桌了一年，比我大一岁。”

“是吗，你好，我也很长时间没见到她了，不知道她最近怎么样了。”

“我昨天刚碰到过她，她最近挺好的，在进修国际贸易，她总是那么爱学习。她对您赞誉有加，说您勇于打破一切常规，敢于从零做起，她相当欣赏您。”

“真的吗？”

“她说您在学生时代还看不出什么，但是没想到进入社会后就慢慢崭露头角。您有朝一日必定大有作为，所以还要请您多多关照，多多提拔。”

“哪里，过奖了。”

“听王丽说，你们在大学读书时经常利用节假日去学校附近的江边做野炊，江里边有个小岛，叫作什么岛来着？”

“孔雀岛。”

“对，对，孔雀岛，上面肯定有很多孔雀吧？听说有一次你们在岛上野炊，忽然下起大雨，江面突然涨水了，平日干涸的河段也涨满水，你们差点回不来了。我听着，都感到挺有趣的。想来，您亲身经历过，应该感触更深吧！”

“你们那班的朋友，现在还都有联系吧？”

“也没有，有好多朋友失去了联系。”

“说的也是，离开学校后，各有各的事业，各有各的前程，天各一方的，联系起来就没有那么容易了。”

“李总，不好意思，只顾谈你们的过去，忘了自我介绍。我叫张娟，现在从事的是化妆品销售工作。我想，在这方面您一定可以帮到我。”

“……”

“现在化妆品比较走俏，市场也很大。”

“可是，质次价高，名不副实，也不好经营，我们现在正在为这个问题发愁呢!”

“李总，我们公司新近研制出了几个型号，现在正在开拓市场。”

“那你说说看。”

于是，张娟认真地将事先准备好的内容说了一遍，得到了李总的认同，签订了合同。

经过这件事以后，张娟也有了信心，慢慢地摸索出了一套寻找客户的方法，推销业绩日趋上升，也不再想着转行了。

在推销行业中，推销员以朋友介绍的名义去拜访一个新客户，这个新客户要想拒绝推销员是比较困难的，因为他如果这样做就等于拒绝了他自己的朋友。这个案例中张娟就是通过朋友的关系成功拿下一个新客户的。

在案例中，日用化妆品推销员张娟偶遇高中同学王丽，在王丽的介绍下，去拜访某百货公司的化妆品部经理。见到潜在客户后，张娟自报家门说：“我是王丽的朋友，是她介绍我认识您的。”我们知道，面对陌生人，任何人都会很自然地产生一种警惕心理。如果推销员一开始就说明自己与介绍人的关系，客户的警惕心理就会减少很多。这是一种典型的右脑策略。

然后，张娟又向客户传达了介绍人的近况，以及介绍人对客户的评价、客户以前的趣事等，让客户的右脑逐渐感知到，这个人确实是朋友介绍来的，可以信任，这对销售起到了很好的促进作用。

最后，张娟又顺势引导客户到自己的销售目的上来，由于客户已经对推销员建立了好感和信任，接下来的谈话也就非常顺利了，张娟成功地拿下了这个新客户。

由此可见，通过朋友介绍的名义去拜访客户，更容易获得客户的信任，对成交更有利。因此，推销员们一定要注意与朋友和客户保持联络，有时甚至是只见过一面的人都可以使你获得更多的客户资源。

# 第二章
# 会听会问，挖掘客户的真实意愿

## 倾听其实是对客户最大的尊重

倾听是一种特殊的沟通技巧，这个技巧很简单，但却很少能引起推销员的重视。

艾格："您好！我是艾格。今天下午我曾经向您介绍了一辆新车，眼看您就要买下，却突然走了。"

客户："喂，您知道现在是什么时候吗？"

艾格："非常抱歉，我知道现在已经是晚上11点钟了，但是我检讨了一下午，实在想不出自己错在哪里，因此特地打电话向您讨教。"

客户："真的吗？"

艾格："肺腑之言。"

客户："很好！你在用心听我说话吗？"

艾格："非常用心。"

客户："可是今天下午你根本没有用心听我讲话。就在签字之前，我提到小儿子的学科成绩、运动能力以及他将来的抱负，我以他为荣，但是你却毫无反应。"

艾格："如果是这样，我对我的行为深感歉意。我也万分感激您让我懂得了一个重要的道理，那就是任何时候都需要认真聆听客户的话语。"

人人都喜欢被他人尊重，受别人重视，这是人性使然。当你专心听客户讲话时，客户会有被尊重的感觉，因而可以拉近你们之间的距离。卡耐基曾说：专心听别人讲话的态度，是我们所能给予别人的最大赞美。不管对朋友、亲人、上司、下属，聆听都有同样的功效。

很显然，艾格之所以失去这个客户，正是因为他没有领会到聆听的重要性。

在推销过程中，耐心倾听顾客的心声，用肯定的话对客户进行附和，你的客户会对你心无旁骛地听他讲话感到非常高兴。根据统计数据，在工作中和生活中，人们平均有40％的时间用于倾听。倾听让我们能够与周围的人保持接触。失去倾听能力也就意味着失去与他人共同工作、生活、休闲的可能。

所以，在商务电话沟通中，发挥听的功效是非常重要的，只要你听得越多、听得越好，就会有越多的客户喜欢你、相信你，并且愿意跟你做生意。成功的聆听者永远都是最受人欢迎的。

## 恰当重复客户语言，把话说到对方心坎上

有这样一个故事：

曾经有一个小国派使者到中国来，进贡了三个一模一样的小金人，其工艺精良，造型栩栩如生，真把皇帝高兴坏了。可是这个小国有点儿不厚道，派来的使者出了一道题目：这三个小金人哪个最有价值？如果答案正确，才可以留下三个小金人。

皇帝想了许多的办法，请了全国有名的珠宝匠来检查，但都无法分辨。

最后，一位退位的老大臣说他有办法。

皇帝将使者请到大殿，老大臣胸有成竹地拿着三根稻草，插入第一个金人的耳朵里，这稻草从另一只耳朵出来了；插入第二个金人的耳朵里，稻草从嘴巴里直接掉了出来；而第三个金人，稻草进去后掉进了肚子，什么响动也没有。

老大臣说："第三个金人最有价值！"

使者默默无语，答案正确。

有的话别人听了只当耳边风，一只耳朵进，另一只耳朵出；有的话别人听了只是当了一个传声筒，从耳朵听进去，从嘴巴传出来，并没有听到心里去。这两种情况都是做无用功。要想使说的话有价值，就必须把话说到对方的心坎上，这样说出来的话就没有浪费，把话听到心里去的人也得到了价值。

推销也是这样，那么怎样才能把话说到对方心坎上去呢？那就是说客户想听的话。

可是，现实中有一个问题就是：销售员往往喜欢说自己想说的话，例如，公司、产品、自己认为的自己的产品与众不同之处、自己认为的自己的产品能给客户带来的利益等，但客户不想听这些话，尤其是在销售员第一次拜访时。所以销售员在推销之前，就要考虑自己要说的话客户是否喜欢听，不然即使打电话也只是浪费时间和金钱。所以，销售员要学会把自己的每一句话都说到对方的心坎上去。

恰当重复客户语言，不失为一种把话说到对方心坎上的好方法。重复客户说的话，是让客户感觉销售员与他站在同一个立场上，这是拉近关系的很好的方式。

当客户说“现在企业很难找到敬业的员工”时，销售员应该说：“不错，现在敬业的员工的确太难找了。”以表示赞同。

另外，你也可以说一些表示赞美与理解的话，让对方高兴。例如，你可以这样赞美他：“您的声音真的非常好听！”“听您说话，我就知道您是这方面的专家。”“公司有您这种领导，真是太幸运了。”

你也可以说一些话，对他表示理解和尊重，你可以说：“您说的话很有道理，我非常理解您。”“如果我是您，我一定与您的想法一样。”“谢谢您听我谈了这么多。”

这些话无疑都是说到了对方的心坎上，让对方觉得受用、中听，说不定欣喜之余就会决定与你合作。

# 聆听客户的抱怨，会有新的发现

俗话说：“伸手不打笑脸人。”我们不难联想到自己工作、生活中的一些场景，比如当领导发火时，赶紧主动道歉，将责任全部揽到自己身上；比如爽约了，见面马上道歉，并想办法让对方开心，你笑脸待人，对方还忍心对你“开枪”吗？

微笑和真诚是影响客户情绪的重要因素，可以化客户的怒气为平和，化客户的拒绝为认同。

在销售过程中，客户的情绪往往是变化无常的，如果销售人员不注意，则很可能会由于一个很小的动作或一句微不足道的语言，使客户放弃购买，导致之前所做的一切努力都付诸东流。尤其是面对客户对于产品的价格、质量、性能等各个方面的抱怨时，如果销售员不能够正确妥善地处理，将会给自己的工作带来极大的负面影响，不仅仅影响业绩，更可能会影响公司的品牌。

所以，学会积极回应客户的抱怨，温和、礼貌、微笑并真诚地对客户做出解释，消除客户的不满情绪，让他们从不满到满意，相信销售员收获的不仅仅是这一次的成交，而是客户长久的合作。

客户的抱怨一般来自以下两个方面：

第一，对销售人员的服务态度不满意。比如有些销售员在介绍产品的时候并不顾及客户的感受和需求，而是像为了完成任务而一味说产品多好；或者是在客户提出问题后销售人员不能给出让客户满意的回答；或是在销售过程中销售员不能做到一视同仁，有看不起客户的现象等。

第二，对产品的质量和性能不满意。这很可能是客户受到广告宣传的影响，对产品的期望值过高引起，当见到实际产品，发现与广告中存在差距，就会产生不满。还有一些产品的售后服务或价格虚高都会成为客户抱怨的诱因。

销售人员面对这种抱怨或不满，要从自己的心态上解决问题，认识到问题的本质。也就是说，应将客户的抱怨当成不断完善自身从而做到最好的机会和指导。客户为什么会对我们抱怨？这是每一个销售人员应该认真思考的问题。其实，客户的抱怨在很大程度上是来自于期望，对品牌、产品和服务都抱有期望，当发现实际情况与期望中的情形不同时，就会促使抱怨情绪的爆发。不管面对客户怎么样的抱怨，销售人员都要能做到保持微笑，认同客户，真诚地提出解决方案。这样，不但不影响业绩，相反会使业绩更上一层楼。

情绪管理是每一个人都应该必修的课程，对于从事销售的人尤其如此。面对客户的抱怨，销售人员首先需要做的就是控制情绪，避免感情用事。即使客户的抱怨是鸡蛋里挑骨头，甚至无理取闹，销售人员也要控制好自己的情绪，回客户以真诚的笑容，用温和的态度和语气进行解释。解释之前一定要先对客户表示歉意和认同，这就是继控制情绪之后的第二个步骤：影响客户的情绪，化解他的不满。

在面对客户的抱怨时，销售员最忌讳的是回避或拖延问题，要敢于正视问题，以最快的速度予以解决。站在客户的立场思考问题，并对他们的抱怨表示感谢，因为他们的抱怨将有助于提高自己产品或服务的质量。

记住，微笑和真诚永远是解决问题的最好方式。微笑多一些，态度好一些，解决问题的速度快一些，就会圆满解决问题，就会化干戈为玉帛，化抱怨为感谢，化质疑为信赖。这样，抱怨的客户反而很可能会成为你永远的客户。

## 技巧提问胜于一味讲述

在推销活动中，大多数推销人员总是喜欢自己说个不停，希望自己主导谈话，而且还希望顾客能够舒舒服服地坐在那里被动地聆听，以了解自己的观点。但问题是，客户心里往往很排斥这种说教式的叙述，更不用说推销员及产品会获得客户的好感了。

无论哪种形式的推销，为了实现其最终目标，在推销伊始，推销人员都需要进行试探性的提问与仔细聆听，以便顾客有积极参与推销或购买过程的机会。当然，最重要的还是要尽可能地有针对性地进行提问，以便使自己更多、更好地了解顾客的观点或者想法，而非一味地表达自己的观点。

我们来看一下这位家具推销员与顾客琳达之间的对话，你可以从中得到启发。

推销员："我们先谈谈你的生意，好吗？你那天在电话里跟我说，你想买坚固且价钱合理的家具，不过，我不清楚你想要的是哪些款式，你的销售对象是哪些人。能否多谈谈你的构想？"

琳达："你大概知道，这附近的年轻人不少，他们喜欢往组合式家具连锁店跑；不过，在111号公路附近也住了许多退休老人，我妈妈就住在那里。一年前她想买家具，可是组合式家具对她而言太花哨了，她虽有固定的收入，但也买不起那种高级家具；以她的预算想买款式好的家具，还真是困难！她告诉我，许多朋友都有同样的困扰，这其实一点也不奇怪。我做了一些调查，发现妈妈的话很对，所以我决心开店，顾客就锁定这群人。"

推销员："我明白了，你认为家具结实，是高龄客户最重要的考虑因素，是吧？"

琳达："对，你我也许会买一张300元的沙发，一两年之后再换新款式。但我的客户生长的年代与我们有别，他们希望用品常葆如新，像我的祖母吧，她把家具盖上塑胶布，一用就是30年。我明白这种价廉物美的需求有点强人所难，但是我想，一定有厂商生产这类的家具。"

推销员："那当然。我想再问你一个问题，你所谓的价钱不高是多少？你认为主顾愿意花多少钱买一张沙发？”

琳达：“我可能没把话说清楚。我不打算进便宜货，不过我也不会采购一堆路易十四世的鸳鸯椅。我认为顾客只要确定东西能够长期使用，他们能接受的价位应该在450元到600元。”

推销员：“太好了，琳达，康福一定帮得上忙，我花几分钟跟你谈两件事：第一，我们的家具有高雅系列，不论外形与品质，一定能符合你客户的需要，至于你提到的价钱，也绝对没问题；第二，我倒想多谈谈我们的永久防污处理，此方法能让沙发不沾尘垢，你看如何？”

琳达：“没问题。”

这位推销员在与客户琳达交谈的过程中，通过针对性的提问了解到客户的需求，并清楚、准确地向顾客介绍了自己的产品，让顾客确切地了解自己推销的产品如何满足他们的各种需要。因此，推销员详细地向顾客提问，尽可能从顾客的回答中挖掘出自己需要的、产品完全符合顾客的各种信息，这是必不可少的。

与客户洽谈的过程中，通过恰到好处的提问与答话，有利于推动洽谈的进展，促使推销成功。那么，在推销实践中都有哪些提问技巧呢？

**一、单刀直入法提问**

这种方法要求推销人员直接针对顾客的主要购买动机，开门见山地向其推销，请看下面的场面：

门铃响了，当主人把门打开时，一个穿着体面的人站在门口问道：“家里有高级的食品搅拌器吗？”男人怔住了，转过脸来看他的夫人，夫人有点窘迫但又好奇地答道：“我们家有一个食品搅拌器，不过不是‘高级的’。”推销人员回答说：“我这里有一个高级的。”说着，他从提包里掏出一个高级食品搅拌器。接着，不言而喻，这对夫妇接受了他的推销。

假如这个推销人员改一下说话方式，一开口就说：“我是×公司推销人员，我来是想问一下你们是否愿意购买一个新型食品搅拌器。”这种说话的效果一定不如前面那种好。

**二、诱发好奇心法提问**

诱发好奇心的方法是在见面之初直接向潜在的买主说明情况或提出问题，故意讲一些能够激发他们好奇心的话，将他们的思想引到你可能为他提供的好处上。

一个推销人员对一个多次拒绝见他的顾客递上一张纸条，上面写道：“请您给我十分钟好吗？我想为一个生意上的问题征求您的意见。”纸条诱发了采购经理的好奇心——他要向我请教什么问题呢？同时也满足了他的虚荣心——他向我请教！这样，结果很明显，推销人员应邀进入办公室。

**三、“刺猬反应”提问**

在各种促进买卖成交的提问中，“刺猬反应”技巧是很有效的。所谓“刺猬反应”，其特点就是你用一个问题来回答顾客提出的问题，用自己的问题来控制你和顾客的洽谈，把谈话引向销售程序的下一步。让我们看一看“刺猬反应”式的提问法。

顾客：“这项保险中有没有现金价值？”

推销人员：“您很看重保险单是否具有现金价值的问题吗？”

顾客：“绝对不是。我只是不想为现金价值支付任何额外的金额。”

对于这个顾客，你若一味向他推销现金价值，你就会把自己推到河里去，一沉到底。这个人不想为现金价值付钱，因为他不想把现金价值当成一桩利益。这时，你应该向他解释现金价值这个名词的含义，提高他在这方面的认识。

# 第三章

# 突破客户的心理薄弱点

## 天下客户都一样，四大效应让你轻松赢得客户好感

作为销售人员，我们总会遇到各种各样的客户，最大的问题就是如何让客户接受我们并愿意与我们进一步接触。

**一、“移情效应”**

“爱人者，兼其屋上之乌”，心理学中把这种对特定对象的情感迁移到与其相关的人、事、物上来的现象称为“移情效应”。

“移情效应”表现为人、物和事情上，即以人为情感对象而迁移到相关事物的效应或以物、事为情感对象而迁移到相关人的效应。据说蹴鞠（足球）是高俅发明的，他的球踢得好，皇帝从喜爱足球到喜爱高俅，于是最后高俅成了皇帝的宠臣。而生活中的“以舞会友”“以文会友”等很多活动都是通过共同的爱好而使不相识的人建立了友谊，这些都是“移情效应”的表现。

销售人员在与客户打交道的过程中，这种“移情效应”的巧妙应用会大大增加交易成功的概率。

拉堤埃是欧洲空中汽车公司的推销员，他想打开印度市场，但当他打电话给拥有决策权的拉尔将军时，对方的反应却十分冷淡，根本不愿意会面。经过拉堤埃的强烈要求，拉尔将军才不得不答应给他 10 分钟的时间。

会面刚开始，拉堤埃便告诉拉尔将军，他出生在印度。拉

堤埃又提起自己小时候印度人对自己的照顾，和自己对印度的热爱，使拉尔将军对他生出好感。之后，拉堤埃拿出了一张颜色已经泛黄的合影照片，恭敬地拿给将军看。那是他小时候偶然与甘地的一张合影。于是，拉尔将军对印度和甘地的深厚感情，便自然地转到了拉堤埃身上。毫无疑问，最后生意也成交了。

“移情效应”是一种心理定式。正所谓“七情六欲”是人的本性，所以人和人之间最容易产生情感方面的好恶，并由此产生移情效应。洞悉人性，把握人性，要迈出销售第一步，就应该像拉堤埃一样懂得这一点。

**二、“喜好原理”**

人们总是愿意答应自己认识和喜欢的人提出的要求。而与自己有着相似点的人、让我们产生愉悦感的人，通常会是我们喜欢的人。这就是“喜好原理”。

不怕客户有原则，就怕客户没爱好。销售员可以从以下5个方面发掘自己与别人和客户的相似度。

（1）打造迷人的外表。一个人的仪表、谈吐和举止，在很大程度上决定了其在对方心目中是否能受到欢迎。

（2）迅速寻找彼此的相似性。物以类聚，有着相同兴趣、爱好、观点、个性、背景，甚至穿着的人们，更容易产生亲近感。

（3）想办法与目标对象接触。人们总是对接触过的事物更有好感，而对熟悉的东西更是有着特别的偏爱。

（4）制造与美好事物的关联。如果我们与好的或是坏的事情联系在一起，会影响到我们在旁人心中的形象。

（5）毫不吝惜你的赞美之词。发自内心的称赞，更会激发人们的热情和自信。

“喜好原理”的关键是获得他人的好感，进一步建立友谊。在中国，将“喜好原理”用得炉火纯青的就是保险公司了。他们还总结提炼了“五同”，即同学、同乡、同事、同窗以及同姓。总之，只要可以联系上的都可以展开销售的动作，因为这有利于建立关系，达成交易。

**三、“自己人效应”**

19世纪末欧洲最杰出的艺术家之一温森特·梵·高，曾在博里纳日做过一段时间的牧师。那是个产煤的矿区，几乎所有的男人都下矿井。他们工作危险，收入微薄。梵·高被临时任命为该地的福音传教士，他找到峡谷最下头的一所大房子，和村民一起在房子里用煤渣烧起了炉子，以免房子里太寒冷。之后，梵·高开始布道。渐渐地，博里纳日人脸上的忧郁神情渐渐消退了，他的布道受到了人们的普遍欢迎。作为上帝的牧师，他似乎已经得到了这些满脸煤黑的人们的充分认可。

可是为什么呢？梵·高百思不得其解。突然脑海中突然闪过一个念头，他跑到镜子前，看见自己前额的皱纹里、眼皮上、面颊两边和圆圆的大下巴上，都沾着万千石山上的黑煤灰。“当然！”他大声说，“我找到了他们对我认可的原因，因为我终于成了他们的自己人了！”

一个人，一旦认为对方是“自己人”，则从内心更加容易接受对方，不自觉地会对其另眼相待。

在生活中，“自己人效应”很是普遍。一个很简单的例子：本专业的教师向大学生介绍一种工作和学习的方法，学生比较容易接受和掌握；若其他专业的教师向他们介绍这些方法，学生就不容易接受。

销售员要想得到客户的信任，想办法让对方把自己视为“自己人”，这无疑是一条捷径。

**四、“兴趣效应”**

人与人在交往的过程中，常常会出现“惺惺相惜”的情况，社会心理学认为，共同的兴趣是“相见恨晚”的重要因素。

高珊是一名自然食品公司的推销员。一天，高珊还是一如往常，登门拜访客户。当她把芦荟精的功能、效用告诉客户后，对方表示没有多大兴趣。当她准备向对方告辞时，突然看到阳台上摆着一盆美丽的盆栽，上面种着一种紫色的植物。于是，高珊好奇地请教对方说："好漂亮的盆栽啊！平常似乎很少见到。"

"确实很罕见。这种植物叫嘉德里亚，属于兰花的一种，它的美，在于那种优雅的风情。"

"的确如此。一定很贵吧？"

"当然了，这盆盆栽要800元呢！"

高珊心里想："芦荟精也是800元，大概有希望成交。"于是她开始有意识地把话题转入重点。

这位家庭主妇觉得高珊真是有心人，于是开始倾其所知传授所有关于兰花的学问。等客户谈得差不多了，高珊趁机推销产品："太太，您这么喜欢兰花，一定对植物很有研究。我们的自然食品正是从植物里提取的精华，是纯粹的绿色食品。太太，今天就当作买一盆兰花，把自然食品买下来吧！"

结果这位太太竟爽快地答应了。她一边打开钱包，一边还说："即使我丈夫，也不愿听我絮絮叨叨讲这么多，而你却愿意听我说，甚至能够理解我这番话，希望改天再来听我谈兰花，好吗？"

客户的兴趣是销售员成功实现销售的重要的突破口。志趣相投的人是很容易熟识并建立起融洽的关系的。如果销售员能够主动去迎合客户的兴趣，谈论一些客户喜欢的事情或人物，把客户吸引过来，当客户对你产生好感的时候，购买你的商品也就是水到渠成的事情了。

## 从客户感兴趣的话题入手建立关联度

向陌生客户电话推销产品时，如果直接说明来意，客户很可能当场拒绝。如何找一个合适的借口并顺理成章地迎合潜在客户的心理，是推销成功的关键。当我们打电话给有防范心理的陌生客户时，应该抓住潜在客户感兴趣的话题建立关联度，赢得客户的理解和尊重。

**[案例一]**

销售人员："先生您好，这里是国际知名IT品牌××个人终端服务中心，我们在搞一个调研活动，您可以回答两个问题吗？"

客户："您讲。"

销售人员："您使用电脑的时间长吗？"

客户："是的，用了好几年了。"

销售人员："您用的是什么电脑？"

客户："台式机和笔记本电脑都用。"

销售人员："我们的笔记本电脑最近在搞促销活动，您是否有兴趣？"

客户："您不是搞调研，而是在促销笔记本电脑吧？"

销售人员："是的，但又不完全是。"

客户："对不起，我现在的笔记本用得很好，还没有购买的必要。"

销售人员："可是这次机会很难得，您可以再考虑……"

**[案例二]**

销售人员："先生您好，我是国际知名IT品牌××个人终端服务中心的，您一定奇怪我是怎么知道您的电话的吧？"

客户："您有什么事情？"

销售人员："我们的数据库中有您的记录，您对电脑笔记本特别有研究，而且不是一般的研究。"

客户："您到底有什么事情？"

销售人员："这个电话就是想征求您的意见，如果对现在使用的笔记本电脑有不是特别满意的地方，就告诉我们，我们会支付您报酬，因为我们特别需要像您这样的笔记本电脑方面的专家帮助我们改进产品性能。”

客户：“噢，这样呀。您是谁?”

销售人员：“我是××的王丽娜，您肯定没有太多的时间来写，您可以三言两语随便说一下，我记录，然后就可以参加评比了。您如果现在没有时间，我们换一个时间也行，您看呢?”

电话销售经常需要面对陌生人，让陌生人能够继续听销售人员讲话的诀窍不是推销产品的话多么流利，也不是口气多么甜美。对于一个接到陌生的推销电话的人来说，防范以及敌意是第一位的，因此对于销售人员来说关键就是赢得信任。[案例一］的销售员一味地按照自己的思路讲话，其实说到第二句时客户就已经知道是推销电话了，这就容易引起客户的反感，使其迅速挂断电话。[案例二］的销售员则紧紧抓住潜在客户感兴趣的话题建立关联度，使话题向对销售人员有利的方向平滑过渡，从而赢得客户的理解和尊重。也只有这样，才可能推销成功。

## 切中客户追求的自我重要感

小张和小孟是同一家公司的销售员，两人销售同一种产品，而且恰巧同时面对一个客户销售。小张销售时一直很专业地介绍自己的产品，却无法被客户喜欢和接受；而小孟大部分时间在与客户闲聊，并不时向客户请教一些问题，适当地表示感谢，对产品的介绍仅仅是一带而过。结果是小孟当场成交。为什么会这样?

这就是自我重要感。客户真正需要的并不仅仅是商品本身，更重要的是一种满足感。

为什么小张不被客户欢迎?是因为他一直在滔滔不绝地介绍自己的产品，而忽略了对客户起码的尊重和感谢。而小孟始终对客户恭敬有礼，不时的请教和感谢让客户感觉自己受到了足够的重视，给客户一种自己很重要的感觉，从而使客户被重视的心理得以满足，于是很自然地从情感上对小孟也表示了认同，促成了这笔交易。

客户选择购买的原因，从心理学的角度分析，是希望通过购买商品和服务而得到解决问题的方案及获得一种愉快的感觉，从而获得心理上的满足。所以，可以这样说，客户真正需要的除了商品，更是一种心理满足，心理满足才是客户选择购买的真正原因。

劳尔是铁管和暖气材料的推销商，多年来，他一直想和某地一位业务范围极大、信誉也特别好的铁管批发商做生意。

但是由于那位批发商是一位特别自负、喜欢使别人发窘的人，他以无情、刻薄为荣，所以，劳尔吃了不少苦头。每次劳尔出现在他办公室门前时，他就吼叫："不要浪费我的时间，我今天什么也不要，走开！"

面对这种情形，劳尔想，我必须改变策略。当时劳尔的公司正计划在一个城市开一家新公司，而那位铁管批发商对那个地方特别熟悉，在那地方做了很多生意。于是，劳尔稍加思考，又一次去拜访那位批发商，他说："先生，我今天不是来推销东西，是来请您帮忙的，不知您有没有时间和我谈一谈？"

"嗯……好吧，什么事？快点说。"

"我们公司想在××地开一家新公司，而您对那地方特别了解，因此，我来请您帮忙指点一下，您能赏脸指教一下吗？"

闻听此言，那批发商的态度与以前简直判若两人，他拉过一把椅子给劳尔，请他坐下。在接下来的一个多小时里，他向劳尔详细地介绍了那个地方的特点。他不但赞成劳尔的公司在那里办新公司，还着重向他说明了关于储备材料等方面的方案。他还告诉劳尔他们的公司应如何开展业务。最后扩展到私人方面，他变得特别友善，并把自己家中的困难和夫妻之间的不和也向劳尔诉说了一番。

最后，当劳尔告辞的时候，不但口袋里装了一大笔初步的装备订单，而且两人之间还建立了友谊，以后两人还经常一块去打高尔夫球。

心理学家弗洛伊德说，每一个人都有想成为伟人的欲望，这是推动人们不断努力做事的原始动力之一。因为渴求别人的重视，是人类的一种本能和欲望。渴望被人重视，这是一种很普遍的、人人都有的心理需求，我们每个人都在努力往高处爬，希望得到更高的利益和地位，希望得到别人的尊重和喜欢。没有一个人愿意默默无闻，不为人知。

重要感更存在于消费者的消费心理中，特别是在生存性消费需要得到满足之后，客户更加希望能够通过自己的消费得到社会的承认和重视。敏锐的销售员已经意识到，顾客的这种心理需求正好给销售员推销自己的商品提供了一个很好的突破口，销售员可以通过刺激客户的自我重要感来促成客户的购买决定。

与寻求重要感相对的，是害怕被人轻视的心理。销售员要仔细观察，适当地通过反面刺激，也会达到欲扬先抑的效果。所以在销售过程中，销售员适度地说一些反面的话来刺激客户的自尊心，从而引发他的自我重要感，也可能会促使客户一狠心买下更贵的产品以显示自己的不容小视。

真诚地尊重客户，给他们重要感，是打开对方心门的金钥匙。销售员要永远都让客户感受到自己的重要，多给客户一些关心和理解，对客户的尊重和付出，会得到客户同样甚至更多的回报。

## 放出稀缺光，直击客户担心错过的心理

“物以稀为贵，情因老更慈。”这是出自唐代著名诗人白居易的《小岁日喜谈氏外孙女孩满月》一诗中的名句，描写了一位老人初抱外孙女的喜悦之情，诗中还写到“怀中有可抱，何

必是男儿”，也就是说自己在离世之前能抱上外孙，管他是男孩还是女孩，有总比没有强。而物以稀为贵也是心理学中一个非常重要的原理，即“稀缺原理”。

制造短缺甚至是稀缺的假象，可以极大影响他人的行为。

稀缺产生价值，这也是黄金与普通金属价格有着天壤之别的原因。当一样东西非常稀少或开始变得稀少的时候，它就会变得更有价值。简单地说就是“机会越少，价值就越高”。

从心理学的角度看，这反映了人们的一种深层的心理，因为稀缺，所以害怕失去，“可能会失去”的想法在人们的决策过程中发挥着重要的作用。经心理学家研究发现，在人们的心目中，害怕失去某种东西的想法对人们的激励作用通常比希望得到同等价值的东西的想法作用更大。这也是“稀缺原理”能够发挥作用的原因所在。

而在商业与销售方面，人们的这种心理表现尤为明显。例如商家总是会隔三差五地搞一些促销活动，打出“全场产品一律五折，仅售三天”“于本店消费的前 30 名客户享受买一送一”等诱惑标语，其直接结果是很多消费者听到这样的消息都会争先恐后地跑去抢购。为什么？因为在消费者心中，“机不可失，失不再来”对他们的心理刺激是最大的，商家利用的就是客户的这种担心错过的心理，以吸引客户前来购买和消费。

夏季过去了大半，而某商场的仓库里却还积压着大量衬衫，如此下去，该季度的销售计划将无法完成，商场甚至会出现亏损。商场经理布拉斯心急如焚，他思虑良久，终于想出了一条对策，立即拟写了一则广告，并吩咐售货员道：“未经我点头认可，不管是谁都只许买一件！”

不到 5 分钟，便有一个顾客无奈地走进经理办公室：“我想买衬衫，我家里人口很多。”

“哦，这样啊，这的确是个问题。”布拉斯眉头紧锁，沉吟半晌，过了好一会儿才像终于下定决心似的问顾客：“您家里有多少人？您又准备买几件？”

“5个人，我想每人买一件。”

“那我看这样吧，我先给您3件，过两天假如公司再进货的话，您再来买另外两件，您看怎样？”

顾客不由得喜出望外，连声道谢。这位顾客刚一出门，另一位男顾客便怒气冲冲地闯进办公室大声嚷道：“你们凭什么要限量出售衬衫？”

“根据市场的需求状况和我们公司的实际情况。”布拉斯毫无表情地回答着，“不过，假如您确实需要，我可以破例多给您两件。”

服装限量销售的消息不胫而走，不少人慌忙赶来抢购，以至于商场门口竟然排起了长队，要靠警察来维持秩序。傍晚，所有积压的衬衫被抢购一空，该季的销售任务超额完成。

物以稀为贵，东西越少越珍贵。在消费过程中，客户往往会因为商品的购买机会变少、数量变少，而争先恐后地去购买，害怕以后再也买不到。销售员要牢牢把握客户的这一心理，适当地对客户进行一些小小的刺激，以激发客户的购买欲望，使销售目标得以实现。

有一个客户走了很多商店都没有买到他需要的一个配件，当他略带疲惫又满怀希望地走进一家商店询问的时候，销售员否定的回答让他失望极了。销售员看出了客户急切的购买欲望，于是对客户说：“或许在仓库或者其他地方还有这种没有卖掉的零部件，我可以帮您找找。但是它的价格可能会高一些，如果找到，您会按这个价格买下来吗？”客户连忙点头答应。

在销售活动中，“稀缺原理”无处不在，关键是如何应用才会达到销售目的甚至超出销售目标。最好的销售员无疑也是最能够把握客户心理的。

“独家销售”——别的地方没得卖，可供选择的余地小。

“订购数量有限”——获得商品的机会稀缺，极有可能会买不到。

“仅售三天”——时间有限，一旦错过就不再有机会。

也就是说，销售人员设置的期限越彻底，其产品短缺的效果也就越明显，而引起的人们想要拥有的欲望也就越强烈。这在销售员进行产品销售的过程中是很有成效的。这些限制条件向客户传达的信息就是：除非现在就购买，否则要支付更多的成本，甚至根本就买不到。这无疑给客户施加了高压，使其在购买选择中被“稀缺心理”俘虏。

## 真心为客户着想，才能俘获客户的心

有这样一个故事，一个盲人，在夜晚走路时，手里总是提着一个明亮的灯笼，人们很好奇，就问他：“你自己什么都看不见，为什么还要提着灯笼走路呢?”盲人说：“我提着灯笼，为别人照亮了路，同时别人也更容易看到我，不会撞到我。这样既帮助了别人，也保护了我自己。”作为销售人员，看到这个故事，你有什么感受?

销售人员提升业绩的诀窍并不是“以营利为唯一目的”，而是“为客户着想，以共赢为目的”。

在销售过程中，很多销售人员为了获取更多的利益，总是不惜损害客户的利益。他们或者是让客户购买一些质量差且价格高的产品，或者是当商品售出后出现质量问题时拒不负责。其实，表面上看这样或许获得了不菲的收益，但却是短期的。从长远的角度看，对销售员的发展是不利的。试想，如果客户的利益受到损害，对销售人员的信赖度就会降低。时间长了，客户就会不断流失，从而使销售人员自身利益受到巨大的损害。

因此，优秀的销售人员一定是将客户的问题当作自己的问题来解决，这样才能赢得客户的信赖。为客户着想是一个对客户投资的过程，会使销售员与客户之间的关系更加稳定牢固，使合作更加长久。

在销售中，为客户着想最重要的一点是提供能够为客户增加价值和省钱的建议。客户购买产品，最关注的是产品的价值和产品的价格。时时刻刻为客户着想，先不要考虑即将得到的利润，而是帮助客户考虑怎样才能为他省钱，帮客户省钱就等于为客户赚钱，帮助客户挑选最合适的产品，让客户以最少的投入获取最大的回报，而不是一味出售最贵的。

在美国零售业中，有一家知名度很高的商店，它就是彭奈创设的“基督教商店”。

有一次，彭奈到爱达荷州的一个分公司视察业务，他没有先去找分公司经理，而是一个人在店里“逛”了起来。

当他走到卖罐头的部门时，店员正跟一位女顾客谈生意。

“你们这里的东西似乎都比别家贵。”女顾客说。

“怎么会，我们这里的售价已是最低的。”店员说。

“你们这里的青豆罐头就比别家贵了三分钱。”

“噢，你说的是绿王牌，那是次级货，而且是最差的一种，由于品质不好，我们已经不卖了。”店员解释说。

女顾客讪讪的，有点不好意思。

店员为了卖出产品，就又推销道：“吃的东西不像别的，关系一家老小的健康，您何必省那三分钱呢。这种牌子是目前最好的，一般上等人家都用它，豆子的光泽好，味道也好。”

“还有没有其他牌子的呢?”女顾客问。

“有是有，不过那都是低级品，您要是想要的话，我拿出来给您看看。”

“算了，”女顾客面有愠色，“我以后再买吧。”连挑选出的其他罐头她也不要了，掉头就走。

“这位女士请留步，”彭奈急忙说，“你不是要青豆吗?我来介绍一种又便宜又好的产品。”

女顾客愣愣地看着他。

“我是这里专门管进货的，”彭奈赶忙自我介绍，消除对方的疑虑，然后接着说，“我们这位店员刚来不久，有些货品不太熟悉，请您原谅。”

那位女士当然不好意思再走开。彭奈顺手拿过××牌青豆罐头，他指着罐头说：“这种牌子是新出的，它的容量多一点，味道也不错，很适合一般家庭用。”

女顾客接了过去，彭奈又亲切地说：“刚才我们店员拿出的那一种，色泽是好一点，但多半是餐馆用，因为他们不在乎贵几分钱，反正羊毛出在羊身上，家庭用就有点划不来了。”

“就是嘛，在家里用，色泽稍微差一点倒是无所谓，只要不坏就行。”

“卫生方面您大可放心，”彭奈说，“您看，上面不是有检验合格的标志吗?”

这笔小生意就这样做成了。

可见，在销售过程中，为客户着想就是为自己着想，当客户从内心感受到你是在为他服务，而不是要从他的口袋中掏钱时，他自然会愿意购买你的产品。

没有人会拒绝他人真诚的帮助。为客户着想是销售的最高境界，因为只有让客户自己发现你是在为他着想时，他才会愿意与你合作。所以，销售员一定要站在客户的立场考虑问题，切实做到为客户利益着想，这样，你得到的将是无数长期合作的“粉丝”客户。

# 第三篇

# 营销心理学

# 第一章
# “为什么卖不动”

## 不同人群的心理需求完全不同

20世纪50年代，美国营销学家史密斯提出了市场细分这个崭新的概念。即依据消费者的需求与欲望、购买行为和购买习惯等方面的明显的差异性，把某一产品的市场整体划分为若干个消费者群。

企业面对错综复杂的市场和需求各异的消费者，不可能满足所有顾客的整体要求，并为其提供有效的服务。所以，企业要在分析市场的基础上进行细分，并选择一部分顾客作为其服务对象，这样才能打开产品的销路。

日本的泡泡糖市场曾长期被“劳特”垄断，其他企业很难涉足其间。但“江崎”决心打破这种垄断。

江崎公司进行深入的市场调研后发现，劳特公司的消费对象是以儿童为主，目标顾客和产品品种都比较单一，而成年人的泡泡糖市场潜力还很大。于是，江崎公司针对细分了的市场，推出四大功能的成人泡泡糖：用于消除困倦的司机泡泡糖；清洁口腔的交际泡泡糖；改良情绪的轻松泡泡糖；消除疲劳的体育泡泡糖。这些能满足成年人不同需求的泡泡糖问世后，像飓风一样席卷日本市场，当年销售额就达150亿日元，占领了25％的市场份额，极大地动摇了“劳特”泡泡糖的霸主地位。

不同人群的心理需求完全不同，市场细分能够帮助企业在充分认识消费者需求差异的基础上，选择适合企业自身条件的目标市场，使企业能在充分发挥资源优势的前提下为顾客提供差异化的产品和服务。

清华大学三位博士和三位硕士建立了时代蔚蓝网站，最初想发展成为专业的学术图书网站，但是“卖书太不挣钱了”，在两轮风险投资介入之后，时代蔚蓝的发展思路逐渐有了转变。

这是个什么样的转变呢？网站开始向女大学生们卖化妆品。这个转变给网站带来了意想不到的收获，女大学生的消费潜力远远超过多数人的想象。而且网站一旦被女性客户认可，其传播的速度就相当惊人。

数据显示，我国每年在校女大学生化妆品消费达 20 亿元。女大学生的消费潜力很大，除化妆品、饰品、服装外，女生还不断为男朋友买东西，市场太大了，而且前景相当光明。在时代蔚蓝网站改卖化妆品后，公司高管们形容，利润已经“走上了好的方向”。

有位女大学生发帖子，把自己购买的彩妆罗列出来，结果让人瞠目结舌，仅眼影一类就有 100 多盒。女性爱美，不管有没有消费能力，为了美丽不计成本。女性认为购买护肤品、化妆品、服装、饰品可以变美丽，有了这种心理之后，女性的不可想象的消费能力就得到了充分施展。

统计显示，目前我国女性每年化妆品消费额达 80 亿元，加上服装、珠宝、饰品、汽车等，市场很大。“她经济”正受到越来越多人的关注。

“她经济”是教育部 2007 年 8 月公布的 171 个汉语新词之一。随着女性经济和社会地位提高，围绕着女性理财、消费形成了特有的经济圈和经济现象，因此形成的女性经济现象也被称之为“她经济”。“她经济”的火爆表现着性别细分正在当今市场上发挥着越来越重要的作用。

营销学者发现，即便在同一人口群体中，也可能表现出差异性极大的心理特性。那么，就需要按照心理细分的方式对他们区别对待了。

北京前门全聚德烤鸭店是北京全聚德烤鸭集团的起源店（老店），创建于 1864 年，以经营传统挂炉烤鸭蜚声海内外，是京城著名的老字号。

曾创造过餐饮单店日销售 67.7 万元的全国最高纪录的全聚德，总结其经营策略是——攻击型服务。所谓“攻击型服务”，就是要求服务员针对不同类型的就餐顾客，提供不同的服务对策。北京前门全聚德烤鸭店按照人的四种不同气质类型，总结了以下具体服务对策：

（1）多血质——活泼型：这一类型的顾客活泼好动，反应迅速，善于交际但兴趣易变。他们常与餐厅服务人员攀谈，在点菜时较匆忙，过后可能改变主意而退菜；他们喜欢尝新，但又易厌倦；他们的想象力和联想力丰富，受菜名、菜肴的造型、器皿及就餐环境影响较大，但有时注意力不够集中，表情外露。

服务对策：服务员在可能的情况下，要主动同这一类型的消费者交谈，但不应有过多重复，否则他们会不耐烦。要多向他们提供新菜信息，让他们进行主动选择，遇到他们要求退菜的情况，应尽量满足他们的要求。

（2）黏液质——安静型：这一类型的顾客安静、稳定、克制力强、很少发脾气；他们不够灵活，不善于转移注意力，喜欢清静、熟悉的就餐环境，不易受服务员现场促销的影响；对各类菜肴喜欢细心比较，缓慢决定。

服务对策：领位服务时，应尽量安排他们坐在较为僻静的地方，点菜服务时，尽量向他们提供一些熟悉的菜肴，还要顺其心愿，不要过早表述服务员自己的建议，给他们足够时间进行选择，不要过多催促，不要同他们进行太多交谈或表现出过多的热情，把握好服务的“度”。

（3）胆汁质——兴奋型：这一类型的顾客热情、开朗、直率、精力旺盛、容易冲动、性情急躁，具有很强的外倾性；他们点菜迅速，很少过多考虑，容易接受服务员的意见，喜欢品尝新菜；比较粗心，容易遗失所带物品。

服务对策：点菜服务时，尽量推荐新菜，要主动进行现场促销，但不要与他们争执；在上菜、结账时尽量迅速，就餐后提醒他们不要遗忘所带物品。

（4）抑郁质——敏感型：这一类型的顾客一般沉默寡言，不善交际；缺乏活力，情绪不够稳定；遇事敏感，言行谨慎，内心复杂，较少外露。

服务对策：领位时尽量安排僻静处，如果临时需调整座位，一定讲清原因，以免引起他们的猜测和不满。服务时应注意尊重他们，服务语言要清楚明了，与他们谈话要恰到好处。在他们需要服务时，要热情相待。

全聚德烤鸭店通过对顾客细分的个性气质进行分析，从而能够对不同类型的顾客采用一一对应的“攻击型服务”，取得营销的成功。

市场细分分析是一种对消费者思维的研究。对于营销人员来说，谁能够首先发现更好的划分客户的依据，谁就能获得丰厚的回报。

## 选取能让消费者产生认同的市场

美国福特汽车公司是世界上最大的汽车生产厂家之一，是美国最大的工业垄断组织和世界超级跨国公司。福特公司成为全球领先的以消费者为导向的公司，始终坚持“低成本制造商品汽车”的价值创新理念，不断提升企业核心竞争力，创造了百年辉煌的业绩。最初的生产经营过程中，在选定汽车类型的过程中，公司决策人员首先考虑到的是社会上的惯例。当时，汽车业传统的做法无一例外是面向较为富有的阶层，因此，福特公司1906年推销的新型汽车也是这样一种“豪华型”产品，车体笨重，且多为定制，非一般人的财力所及。同时，他们提高了售价，最便宜的车售价为1000美元，最贵的为2000美元。这一变革带来了灾难性的后果，销售数量猛然下降，利润仅10万美元，为前一年度的1/3。

1908年初，福特制订了一个划时代的决策，公司宣布从此致力于生产标准化，只制造较低廉的单一品种，即生产统一规格，价格低廉，能为大众接受的车辆，以850美元一辆出售。由此产生了福特梦寐以求的，并能使他的公司征服市场的新产品——T型车。这是福特公司生产的世界上第一辆属于普通百姓的汽车，从此拉开了世界汽车工业革命的序幕。

T型车一投产就受到广泛的欢迎，并跃居当时各类汽车之首，这是因为农民正需要这种车，普通人又都买得起。从此，代表地位和财富象征的汽车进入“寻常百姓家”。它的机械原理极为简单，任何外行人都能很快地掌握。与当时其他类型的汽车相比，T型车具有经久耐用、构造精巧和轻盈便利的优点。这种车底盘较高，具有能穿越沙地、腐殖土和泥潭的优良性能。

T型车仅用一年时间就跃居畅销车之首，成为第一号盈利产品。这一年出售了11万辆，在销售量和利润方面都超过了其他汽车制造商。

福特公司对目标市场的错误选择，铸成营销计划失败的结果，同时也正是福特公司对目标市场选择进行了及时的修正，在市场中拯救了自己。一个企业的定位能否成功，消费者支持与否是关键。企业所确定的目标消费者是最可能对本品牌提供的好处做出肯定反应的人。如果所选择的目标市场很大，但该市场的消费者对你的品牌不感兴趣，仍然不能获得利润。

在20世纪70年代中期，德国“宝马”牌汽车在美国市场上将目标对准当时的高级轿车市场。然而，对美国市场进行深入调查后，“宝马”发现，这个细分市场对“宝马”的高超性能并无兴趣。美国市场的消费者不但不喜欢，甚至还嘲笑“宝马”，说“宝马”既没有自动窗户也没有皮座套，就像是一个大箱子。

在对消费者偏好进行深入分析与调查的基础上，“宝马”决定将目标转向收入较高、充满生气、注重驾驶感受的青年市场。青年市场的消费者更关心汽车的性能，更喜欢能够体现不同于父辈个性和价值观的汽车，“宝马”决定取得这一部分消费者的认同。“宝马”在宣传中突出该车的高超性能，果然备受好评。到1978年，该车的销售量虽未赶上“奔驰”，但已达到3万多辆，1986年，已接近10万辆。

20世纪80年代末、90年代初，美国经济开始走向萧条，原来的目标消费者已经成熟，不再需要通过购买高价产品来表现自我，加上日本高级轿车以其“物美价廉”的优势打入美国市场，“宝马”面临新的挑战。调查发现，消费者之所以喜欢“宝马”，是它能给人一种与众不同的感觉，即“人”驾驭车而不是“车”驾驭人。“宝马”的驾驶带给人的是安全、自信的体验，因为他们不仅可以感觉汽车、控制汽车，还可以得到如何提高驾驶技术的反馈。于是，厂家又将目标市场对准下列三种人：相信高技术驾驶人应该驾驶好车的消费者、为了家庭和安全希望提高驾驶技术的消费者、希望以高超驾驶技术体现个人成就的消费者。在这样的定位下，1992年，尽管整个美国汽车市场陷入萧条，“宝马”的销售量却比1991年提高了27%。

宝马的成功就在于能够调查分析消费者的偏好变化，根据消费者偏好不断调整自己的目标市场，寻求消费者认同，自然能够立于不败之地。产品定位的准确是赢得市场的关键，在产品定位上，企业要了解不同消费能力的消费者所追求的消费目标，选取自己能够达到消费者认同的市场进行定位。

消费者对企业产品的认同，实际上就是对品牌的认同。因此，企业必须以品牌为依托获得消费者的支持。从某种意义上来说，企业的品牌与消费者的认同是相互推进与影响的。品牌文化要从目标市场消费群体中去寻找，要通过充分考察他们的思想心态和行为方式而获得。而反过来，消费者的认同又能够进一步提升品牌的影响力与竞争力，对品牌有认同感的消费者很容易就成为我们的忠实消费者。

企业要取得消费者的认同，一般需要从以下几个方面努力：

（1）广泛开展体验活动。选择了消费者认同的市场之后，需要吸引消费者不断参与体验，以判断选择的目标市场是否正确，并有助于不断完善我们的营销策略。

（2）让利消费者。给予消费者更多的实惠，是取得消费者认同的一个重要法宝。让消费者能够以更合理的价格，买到物美价廉的产品，是吸引消费者认同的不二法门。

（3）加强信息交流与消费者沟通。企业要取得消费者的认同，需要加强与消费者的沟通。

## 了解消费者的偏好，才能投其所好

一个小伙子细心经营着一个很大的玫瑰园，他几乎倾注了所有的精力，科学地按时浇水，定期施肥。因此，玫瑰园的玫瑰长势很好，玫瑰品种齐全，五颜六色，有红、黄、绿、紫、白，煞是好看。小伙子定期到集市上去卖玫瑰，喜欢玫瑰的人都喜欢在这里买，因为他的玫瑰不仅鲜艳漂亮，而且从不漫天要价，每株玫瑰的价格在1～2元之间。

令人惊诧的是，不知什么时候，小伙子的玫瑰园里竟然长出了一些黑玫瑰。小伙子发现了这些黑玫瑰，差点慌了神，这肯定没人买，谁会要黑玫瑰呢！但是小伙子还是舍不得毁掉，想着让黑玫瑰在玫瑰园里点缀一下，也是一个特色。

后来，一位植物学家听说了小伙子的黑玫瑰，惊喜地叫起来："黑玫瑰！这是旷世稀有的品种！"植物学家为了研究黑玫瑰，保存和繁衍这个珍贵品种，愿意以高价购买小伙子的黑玫瑰。植物学家出价10元/株订购小伙子的黑玫瑰，小伙子自然欣然接受，他没想到，黑玫瑰竟然给他带来了意想不到的财富，远远超过了他的预期收入。

后来，当人们知道了黑玫瑰是旷世稀品后，争相购买。小伙子种的黑玫瑰渐渐比其他玫瑰还要多，占了玫瑰园的一半。

最初小伙子认为黑玫瑰颜色不合人们的偏好，因而没有将黑玫瑰作为自己的盈利产品。但是，当植物学家发现黑玫瑰的稀有价值后，黑玫瑰的身价也随之一路飙升，人们对各色玫瑰的偏好也发生了改变。

这个故事说明，人的偏好会发生改变，同时，消费者的偏好对于市场走向和商品销售有很大的影响。聪明的销售员应当敏锐地捕捉到消费者的偏好变化，将最受欢迎的产品作为自己的主打，最大限度地获得利润。反过来看，黑玫瑰引发了新的流行，告诉我们，要主动引入新产品，创造消费者的偏好。

销售就是对消费者“投其所好”的过程。销售员必须知道目标消费人群的偏好，同时紧密关注他们的偏好变化。通常来说，影响人的偏好改变的因素主要有以下几项：

**一、原有的偏好习惯**

由于消费者行为方式的定型化，经常消费某种商品，会习惯性地采取某种消费方式，就会使消费者心理产生一种定向的结果。这在经济学上被称为“路径依赖”。

**二、身体条件的变化**

一个人身体条件的改变将直接影响其效用偏好结构的改变，如有的人得了肝病，则原来饮酒、吸烟的偏好将会随之改变。

**三、工作环境的变化**

不同的行业必然具有不同的环境和作息习惯，一个人的效用偏好结构也会与之对应，以适应工作环境。如常常加夜班的白领可能会偏好咖啡、方便面，而工作较为轻松的公务员可能不会对此有偏好。

**四、社会环境影响**

主要指一个人所处的社会环境及社会潮流、主流文化对一个人的效用偏好结构所产生的作用。例如一个广州人到哈尔滨定居，其效用偏好结构肯定会发生变化。同样，由于社会潮流不断变化，即使一个人处在同一城市中，他也会为了适应形势和潮流而不断改变自己的效用偏好结构。

认识到不同消费者的偏好变化后，销售人员可以科学地指导自己的销售工作，使所售物品更好地满足消费者的偏好需求，从而赢得消费市场。

## 跟着消费者的感觉走，精准推荐合适的产品

在认识消费者的“偏好”之后，我们还应当认识与之息息相关的另一个概念——效用。还是要说到“萝卜白菜，各有所爱”，同样的东西对不同的人效用不同。因此“效用”其实是个感觉。

比如同样大小的一个馒头，一个饿极的人吃了，觉得效用特大，特别满足；一个快吃饱的人，吃不吃这个馒头无所谓，所以效用就很小；而对于一个吃撑了的人，让他再吃这样一个馒头纯粹是浪费，甚至会引发其肠胃的不适，因而馒头的效用反而是负的。

效用的概念是人获得某种物品或服务时的满意程度，这是一种心理状态。效用是主观的东西而不是客观之物，而且，效用也会因人、因地、因时而异。同样是一杯水，对于长途跋涉、口干舌燥的人来说，他感到的满足程度肯定会大于一个随处都可以喝到水的人；同样是一包香烟，对于烟民来说，具有很大的效用，而相对于不吸烟的人来说，根本就没有任何效用可谈。

由此可以看出，效用与个人偏好有着密切的关系。消费偏好的商品，得到的效用会比不喜好的商品多很多。例如有的人喜欢吃甜，吃不了酸，如果你给他吃哈密瓜，他一定很高兴地接受了；如果你给他酸梅，他肯定皱着眉头再三推辞。

庄子曰：子非鱼，安知鱼之乐乎？鱼在水中畅游是苦不堪

言，还是悠然自得、其乐无穷，只能由鱼自己的感受来决定。这形象地说明了效用的主观性。同样，我们衡量同一商品对于不同消费者的效用时，也要注意从消费者的角度出发，分析这一商品对其的效用。

因为错误地判断同一商品对不同消费者的效用而导致营销失败的案例比比皆是。20 世纪 80 年代中期的日本服装界就为此付出过代价。当时，日本电视连续剧《血疑》热播，剧中主角信子和她父亲大岛茂的故事赚足了观众的眼泪，精明的商人则赚足了钱。一家服装厂推出了信子裙，另一家服装厂推出了大岛茂风衣，但结果很不一样。信子裙的厂家大获其利，大岛茂风衣的厂家却亏本了，其原因就在于不同消费者有不同的偏好和行为倾向。同一类商品对于不同的消费者而言，产生的效用是不同的。

女中学生崇尚信子，认为穿信子裙可以得到极大的心理满足，因而信子裙对于女中学生效用大，即主观评价高，她们愿意用高价购买，因而销售信子裙当然获利；而中年男子虽然尊敬大岛茂这样的父亲，但并不以穿同样的衣服为荣，大岛茂风衣对他们并没有什么特殊效用，也就更不愿意出高价购买，所以卖家赔本。可见，能否对消费者的心理效用做出深度分析和准确判断是决定买卖成败的重要因素。

销售者在销售过程中必须能够准确判断目标消费群体对所售产品的心理效用，才能有针对性地进行推销与说服。例如，对于对某产品丝毫不感兴趣的人，你费尽口舌百般说服，不仅完全没有积极作用，反而招致顾客的反感。如果某客户认为你所销售的产品和服务对他而言具有较大的效用，你应抓住时机进行适当的介绍与推销，这样才能够收获良好的效果。

## 人性化产品，打造产品新竞争力

麦克的鞋店开在城中心的商业街。商业街大小商铺鳞次栉比，各类商品琳琅满目，因此顾客如织，客源不断。不过，顾客往往看得多买得少，再加上商业街店租成本不菲，麦克的经营一度非常艰难。

麦克深知，要在竞争激烈的商业街杀出重围，不花点心思很难做到。不过，既然敢在此花血本租下旺铺，麦克也有他的把握。

对消费心理学有过深入研究的麦克明白，要获得顾客的青睐，必须要赋予产品以情感。麦克认为，市场既是店铺之间交战的战场，也是与消费者进行感情交流的场所。而要战胜对手，获得消费者的青睐，必须让自己的产品与众不同。

麦克经过调查与思考，认为当今很多消费者购买鞋子已不仅仅出于防冻和护脚的需要，而更多是为了显示个性和生活水准。“价廉”“质高”的老一套经营方式已不是产品畅销的唯一法宝了。所以，要促进鞋的销售，必须使鞋子像演员一样体现出不同的个性、不同的情感，以其独特鲜明的形象、独特的魅力吸引众多的“观众”。

于是，麦克决定实施一种人性化的营销模式。具体而言，麦克决定发挥自己的创意元素，打造独一无二的“情感鞋”。

麦克首先在进货时就有意挑选有特色风情的鞋，同时聘请了几个美术学院毕业的学生兼职，按照自己或顾客的创意，对简单的鞋子进行一些小的改造，对鞋子本身以及它的包装都做出个性化的“彩绘”处理，改变传统鞋类单一的设计风格，将设计风格引向多元化。而在陈列方面，麦克分化出“男人味”和“女人味”，“狂野”和“优雅”，“老练”和“青春”等不同风格的鞋子，在款式、色彩的配置等方面使鞋子的风格趋于多元化。

同时，麦克还给每双鞋取了一个独特的名字，诸如“爱情”“愤怒”“欢乐”“眼泪”等，有名字的鞋子仿佛有生命的物体，令人耳目一新，回味无穷。这些情感的表现形态，有式样的别致性，也有色彩的和谐性；有简繁之别，也有浓淡之分。这些充满生命和情感特征的“情感鞋”，在不同消费层次中得到广泛宣传，迎合了不同顾客的需求，自然不愁销量。

果然，带有不同情感的“麦克”式情感鞋，在消费者当中广为流传，不少顾客都慕名来到麦克的小店，想要寻找一双属于自己的“情感鞋”。而麦克也凭着“给产品赋予感情色彩”的诀窍，为自己的小店带来了持续的销售高潮。

麦克的鞋店除了提供质优价廉的鞋子外，最大的赢处还在于对“情感”鞋的定位。每一双充满了人情味的鞋子，给顾客带来的不仅仅是防冻、护脚的体验，更重要的是让鞋子与顾客的个性融为一体，让顾客的装扮更具生命力和情感特色。

我们的产品刚投入市场时，最先靠的是产品的独特性和价格优势，随之而来的是质量的角逐。然而，随着市场竞争的激烈，当市场中同类产品趋多，产品质量相差无几时，单纯靠价格和质量已经不容易打开产品的销路，这时就要采用更高级的营销战术，通过剖析顾客的情感心理，从而达到更好的营销效果。

优秀的营销者懂得超前而准确地把握消费者的心理需要，对消费者的个性化需求做出积极的响应。成功的营销不仅仅是提供实用实惠的产品，还要使自己的产品具有人情味，让每一个产品都有自己的生命，以其独特的款式、包装、色彩、名称等吸引消费者。这样可以促使消费者对产品产生喜爱之情，用购买的产品来标榜自己的独特个性。

# 第二章
# 产品畅销中的心理学密码

## 商圈是商品畅销的绝密地带

经常光顾麦当劳或肯德基的人不难发现，麦当劳与肯德基经常在同一条街上选址，或在同一商场的相邻门面，或在街道两侧相隔不到 100 米。不仅麦当劳与肯德基布局如此，许多商场、超市的布局也同样偏好比邻而居。

销售时，不是应当尽量避免与竞争对手正面冲突吗？集结在一起意味着更激烈的竞争，可能导致恶性压价或是相互诋毁。为什么麦当劳、肯德基要比邻而居呢？

许多聪明的商家就是喜欢聚合经营，在一个商圈中争夺市场。

因为聚集的同一商圈，能够聚集大量的消费者“人气”，吸引更多的顾客前来购买。分散经营使商家无法获得与其他商家的资源共享优势，市场风险明显增大，获利能力下降。

不少人会有这么一种误解，在某一条商业街区或市场街，如果自己的店铺与众不同，做的是独门生意，那么，生意一定会非常红火，也一定能够赚到大钱。这种思想认识不是没有一定的道理，但是从当前的市场情况来看，各种商品大都是集中经营，比如建材市场就是专门销售建筑材料，衣帽市场就是专门经营穿戴用品，化妆品市场就是专门经营化妆品，木材市场就是专门经营木材，蔬菜市场就是专门经营蔬菜，等等。尽管集中经营存在竞争风险，但从消费者的心理角度来看，他们会形成一个思想定位，那就是“对号入座”。比如，消费者想购买化妆品，他绝对不会跑到建材市场或者木材市场。换句话说，如果零售商把经营烟酒的店铺放在建材市场，尽管仅有你一家这样的门市，是独门生意，那么，在这样的一个“商圈”之下，你的生意肯定不会有多好，因为消费者根本不会想到建材市场还有经营烟酒的店铺。

聚合选址当然存在竞争，如果要生存和发展，就必须提升自己的竞争力。虽然麦当劳和肯德基总是处在同一商圈中，但都有各自的品牌个性和核心竞争力，经营上各有特色。

在北京南桥镇聚集了永乐、国美、苏宁三巨头连锁家电超市，聚合的市场使三家巨头家电销售商在激烈竞争的同时寻求着特色的发展之路。

永乐电器推广 CDMA 手机，推出以退换保障、质量保障、价格保障和额外支出保障为基础的四大保障体系，以服务和价格的双重优势吸引顾客。

国美电器在其连锁店内开设了各类音像制品的销售柜台，拓展经营业务范围，同样也起到了招揽客户的作用。国美还推广“普惠制”，让各类电器的消费者都能够实实在在地得到经济上的优惠，而不是只针对某一类家电的购买者。

苏宁电器倡导“天天促销”，让消费者能够每天都得到实惠，并根据刚迁入新居客户的实际住房条件和经济条件，量身订制家电配置方案，带来了销售额的直接增长。

我们在面对面的激烈竞争中，会更积极创新地制定个性化的服务和策略，抢占消费市场。我们常常看到，超市中的酸奶、方便面专柜前，同类型品牌的销售员也积聚成一个“小商圈”，对前来选购酸奶、方便面的顾客极力招揽，这个喊“大降价”，那个喊“免费尝”，“有买有送”“最后 天”的叫卖声一个比一个大，甚至让原本没有这方面购买预算的消费者也会被吸引过来，进行选购。其实我们在销售中，无须害怕竞争，应当学会利用商圈来热销自己的商品。

## 方便，让顾客不得不买

7—11 的店铺遍布美国、日本、中国、新加坡、中国台湾、马来西亚、菲律宾、瑞典、墨西哥、巴拿马、挪威、加拿大、澳大利亚、印尼等国家和地区，全球店面数目逾 3 万家，是全球最大连锁店体系。

7—11 便利店，它最早的出生地不是在日本，而是在美国。它原本是一家专门销售冰块的公司，但是因为周围的居民对该公司要求越来越多，比如能否买到面包、酸奶什么的，公司觉得这也不错，干脆就顺着消费者的要求做了下去。这一做不打紧，这条路线还真的选择对了，结果一不小心就成了美国便利店的原创。

1973 年，日本的铃木敏文付出销售额的 1% 获取了 7—11 的地域特许经营权。从那以后，日本 7—11 就像三月的樱花，随着季节的推移，逐渐逐渐地开满日本大地：1980 年，开出了 1000 家，1984 年 2000 家，1990 年 4000 家，1995 年 6000 家，1999 年 8000 家，2001 年 9125 家。我们可以想一想，在日本那么小的地方，一下子开出这么多的店面，这就有点像前几年三株遍布城乡的墙体广告，连上厕所都能碰到，它的势力范围简直无孔不入，无所不在。到 2001 年，日本7—11在全世界开出的店铺达 22648 家。到了现在，7—11 已经成为了便利店里的王者。

可以说，7—11 的胜出原因就在于它与众不同的营销概念。它做了反一般常规的经营手法。它没有像其他小店一样，从生产商的角度来组织店铺，而是以顾客为中心来开店和调整商品种类。我们看不到 7—11 有什么特别的地方，而且价格并不便宜，甚至还可以说比其他小店贵得多。但是因为它在为消费者提供便利这方面做得非常之好，所以每日客源不断，深受顾客的青睐与好评。

便利店能否生存的第一条件就是方便性，可以说这是一个便利店充满生命力的原因所在。每日24小时通宵营业即为便利店的主打。随着人们生活需求的不断增长，便利店的服务范围也在不断扩大，现在的日本便利店集日杂百货、代收水电费、邮递等业务于一体。甚至不久的将来，在日本便利店买汽车也不会令人惊奇。

7—11在店址的选择上，最根本的出发点就是便捷，即在消费者日常生活行动范围内开设店铺，如距离生活区较近的地方、上班或上学的途中、停车场、办公室或学校附近等。任何地方都有位置优劣之分，7—11要让店铺在最优位置生根。如有红绿灯的地方，越过红绿灯的位置最佳，它便于顾客进入；有车站的地方，车站下方的位置最好，来往顾客购物方便；有斜坡的地方，坡上比坡下好，因为坡下行人步伐较快，不易引起注意。7—11还尽量避免在道路狭窄处、小停车场、人口稀少处及建筑物狭长地带等处建店。

我们会发现，很多上班族也许并不喜欢7—11里的便饭，但是当他们发现周围并没有合适的卖饭的地方时，他们就会选择就近将就。并且7—11的卫生条件也让很多白领一族十分放心。

7—11推行的是24小时营业制度，因为根据店铺地点的不同，每家店铺的黄金营业时间也不同。比如靠近公司周边的7—11，每天早晨和中午是一天的黄金时段。在此期间会有大量的白领到7—11来买便当和饮料。靠近居民区的7—11，夜间往往是黄金时段，因为很多大城市加班的白领都是在回家途中的便利店购买食物。7—11充分发挥了人无我有，人有我全的原则，一切以顾客的需求为中心，处处从消费者群体的购物习惯和消费嗜好出发。比如考虑到顾客站着购物不易看到下层商品的实际，将货架下层的商品摆放醒目让顾客一目了然。根据单身一族的生活习惯，7—11贴心地推出了饭团、各种便当、各种生活用品等适销对路商品。将便利店完全融入顾客的“生活情景”中，让货柜上的商品自然地向顾客“招手”。

从7—11的这个成功的案例中我们可以发现，在小店的经营理念中，价格便宜固然重要，但是方便顾客更为重要。如何把顾客的需要自动送入他的视线之中，为他们提供最大限度的便利，才是店主们最需要重视的问题。

## 设计产品时：“要相信客户都是懒人”

马云是阿里巴巴网站的董事局主席兼首席执行官，他用7年时间缔造了全国最大的电子商务帝国——阿里巴巴，创造了中国式的“阿里巴巴芝麻开门”的成功神话。

马云收购雅虎后，雅虎的一些员工一时还没有改变原有的工作方式，在这种情况下，马云讲了他的“懒人理论”，目的是委婉地告诉雅虎员工，在阿里巴巴工作，需要改变方法，阿里巴巴的理念是“要相信客户都是懒人”，所以需要处处为客户着想，客户懒得做什么，阿里巴巴就要做什么。

“世界上很多非常聪明并且受过高等教育的人无法成功，就是因为他们从小就受到了错误的教育，他们养成了勤劳的恶习。很多人都记得爱迪生说的那句话：天才就是99%的汗水加上1%的灵感，并且被这句话误导了一生——勤勤恳恳地奋斗，最终却碌碌无为。其实爱迪生是因为懒得想他成功的真正原因，才编了这句话来误导我们。

“很多人可能认为我是在胡说八道，好，让我用100个例子来证实你们的错误吧！事实胜于雄辩。”

“世界上最富有的人比尔·盖茨，懒得读书，就退学了。他又懒得记那些复杂的DOS命令，于是，就编了个图形的界面程序，叫什么来着？我忘了，懒得记这些东西。于是，全世界的电脑都长着相同的‘脸’，而他也成了世界首富。

……

“我以上所举的例子，只是想说明一个问题，这个世界实际上是靠懒人来支撑的。世界如此精彩都是拜懒人所赐。现在你应该知道你不成功的主要原因了吧？

“懒不是傻懒，如果你想少干，就要想出懒的方法。要懒出风格，懒出境界。像我从小就懒，连长肉都懒得长，这就是境界。”

在阿里巴巴有一个有趣的现象，马云身为互联网公司的CEO，却对互联网十足外行，甚至马云自己都说，只会收发邮件。

马云说：“计算机我到现在为止只会做两件事，收发电子邮件还有浏览，其他没有了，我真不懂，我连在网上看VCD也不会，电脑打开我就特别烦，拷贝也不会弄，我就告诉我们的工程师，你们是为我服务的，技术是为人服务的，人不能为技术服务，再好的技术如果不管用，瞎掰，扔了。所以我们的网站为什么那么受欢迎，那么受普通企业家的欢迎，原因是，我大概做了一年的质量管理员，就是他们写的任何程序我都要试试看，如果我发现不会用，赶紧扔了，我说80%的人跟我一样蠢，不会用的。”

可以说，马云的“懒人理论”颠覆了我们以往的所有惯性思维，跳出固有观点的圈子，一针见血地指明了通往成功的出路——阿里巴巴的平民化，马云要求阿里巴巴要以客户的要求为导向，不能把网站做得太复杂，要通俗易懂，方便操作，最好是让“菜鸟”都能玩转阿里巴巴，这是马云所希望看到的。

所以，阿里巴巴每做一个新程序，都要给马云亲自体验一番，员工们戏称为“马云测试”，就像白居易诗成后每每读给老妪听，若老妪不解，便再加修改一样，做到“老少咸宜，男女通杀”。

马云告诉阿里巴巴的程序员：“我不想看说明书，也不希望你告诉我该怎么用。我只要点击，打开浏览器，看到需要的东西，我就点。如果做不到这一点，那你就有麻烦了。即使在后来，使用淘宝和支付宝这些网站时，我也是个测试者。我和淘宝的总经理打赌，随便在路上找 10 个人做测试，如果有任何顾客说，他对使用网站有问题，那么你就会被惩罚，如果大家都能使用，完全没有问题，那么你就有奖励。所以这个测试是确保每一个普通人都能使用网站，不会有任何问题，只要进入，然后点击就行了。因为我说的话代表世界上 80％不懂技术的人。他们做完测试，我就进去用，我不想看说明书，如果我不会用就扔掉。”

这样一来，大大简化了阿里巴巴网站中各种功能的使用方法，包括后来的淘宝、支付宝。

马云认为多数客户都是跟他一样的电脑“菜鸟”，他选择站在客户的角度思索客户的心理，这一点使他大获成功。

## 打赢营销博弈战，夺取客户心智资源

在推销产品的过程中，你与客户双方在进行一场无声的战争，这场战争中的武器就是博弈。博弈是一个心理学的概念，指的是互动的策略性行为，在每一个利益对抗过程中，每一个参与方都在寻求制胜之策。并且，每一个参与者的策略都是相互影响、相互依存的。这种互动通过两种方式体现出来。

第一种互动方式是双方同时出招，完全不知道其他人走哪一步。不过，每个人必须心中有数，设想一下若是自己处在其他人的位置，会做出什么反应，从而预计结果。

第二种方式是双方轮流出招。每个参与者必须设想他的行动将会给对方造成什么影响，反过来又会对自己以后的行动造成什么影响。也就是说，相继出招的博弈中，每一个参与者必须预计其他参与者的下一步反应，进而盘算自己的最佳招数。

对于第一种，我们可以看一个新闻大战的案例。

《时代》和《新闻周刊》是美国的两大杂志，每周它们都会暗自较劲，都要做出最引人注目的封面故事，从而吸引更多买主的目光。

这就是一场策略博弈。因为双方是同时进行的，且不知道对手策略。等到发现结果，再想改变就太迟了。当然，在下个星期输者可以反扑，不过，那又是一场新的博弈之战。

假设本周有两大新闻：一是发布一种据说是艾滋病的新特效药，二是奥巴马针对金融危机发布新政策。

选择封面故事时，首要考虑的是哪一条新闻更能吸引报摊前买主的目光。我们先假设30%的人对艾滋病特效药感兴趣，70%的人对奥巴马的政策有兴趣。并且，这些人只会在自己感兴趣的新闻变成封面故事时买杂志。假如两本杂志用了同一条新闻做封面故事，那么买主就会平分两组，一组买《时代》，另一组买《新闻周刊》。

现在，《新闻周刊》的编辑可以进行如此推理："假如《时代》采用奥巴马的新政策做封面故事，那么，我用艾滋病新药做封面，就会得到整个'艾滋病市场'（即全体读者的30%）；假如我采用奥巴马故事，我们两家就会平分'奥巴马故事市场'（即我得到全体读者的35%），所以，奥巴马政策为我带来的收入会超过预算问题。假如我们都采用艾滋病新药做封面，我会得到15%的读者，假如对方采用艾滋病新药做封面，而我采用奥巴马政策，就会得到70%的读者。显而易见，第二方案会为我带来更大的收入。因此，我有一个优势策略，就是采用奥巴马故事做封面。无论《时代》选择采用哪个新闻当作封面，我都会更胜一筹。"

这样的策略考虑对《时代》同样有效。所以，选择奥巴马故事是他们共同的优势策略。

第二招是双方相继出招，我们用两大媒体的一场价格大战作为案例。

在1994年夏天，《纽约邮报》把报纸零售价降到25美分，不久，其对手《每日新闻》把价格从40美分提高到50美分。这件事看起来颇有些耐人寻味，但它却是双方博弈的结果。

在最初，两份报的价格都是40美分，但《纽约邮报》认为报纸的零售价应是50美分，于是采取涨价行动。而《每日新闻》的价格依旧停留在40美分，因此《纽约邮报》失去一些订户及部分广告收入，但它们认为这种情况不会持续太久。但《每日新闻》的价格却一直没有变动，所以，《纽约邮报》非常恼火，认为如果有必要，它要发动一场价格战。

当然，如果真的发动价格战，会造成两败俱伤。因此，《纽约邮报》的目标是既要让《每日新闻》感到威胁，又不投入真正战斗的费用，于是它进行了一次试探，就是把价格降到了25美分，销量立竿见影地上升了。而《每日新闻》也意识到了其用意，采取了明智的妥协，也将报价提高了10美分，升为50美分。

在市场竞争中，销售员又要如何应付这场营销博弈之战呢？

**一、营销博弈的关键不在商品**

谁拥有客户资源，谁的核心竞争力就强。原来是物品短缺，现在是客户短缺。销售中不是简单地将产品推销，而是要讲信誉，要与用户进行情感交流，要提供优质服务，卖产品是第二位的。

**二、不走“寻常路”**

在市场竞争中，选择差异化战略会让自己获胜。在全面了解分析目标消费者、供应商信息以及竞争者的位置后，再确定自己的产品在市场上的差异化定位，以获得成功。

例如，面对行业的整体困境，小天鹅采取了差异化战略，开发出全球领先的创新性产品——水魔方系列洗衣机，为其开启了一片全新的市场，改变市场竞争规则，整合市场竞争元素，创造行业蓝海。

**三、市场竞争也可共赢**

在当今市场条件下，任何一个企业都不可能独占所有资源，但是可以通过联盟、合作、参与等方式使他人的资源变为自己的资源，以增加竞争实力，实现共赢。例如麦当劳与肯德基总在同一条街上选址，很多超市也同样存在这样的现象。

因为店铺的聚集会产生“规模效应”，一方面，丰富的商品种类满足了消费者需求，为消费者实现购物建立良好基础；另一方面，经销商为适应激烈的市场竞争，会不断进行自身调整，同时让消费者受益，吸引更多的消费者。

**四、信息博弈，营销的基本功**

由于信息差异所造成的劣势，几乎是每个人都要面临的困境。销售员应在行动之前，尽可能掌握有关信息。

所以，销售人员要制作客户卡，将客户名单及背景材料记录下来，而且，客户卡上的信息量要不断扩展。如上门访问客户结束后，要及时把访问情况、洽谈结果、下次约见的时间地点记录下来，以便按事先计划开展销售活动。

**五、重复博弈，营销要讲诚信**

人们去菜市场买菜，当有疑虑时，卖菜的阿姨常会讲：“你放心，我一直在这儿呢！”这句朴实的话中包含了深刻的博弈论思想：“我卖”与“你买”是一个次数无限的重复博弈，我今天骗了你，你以后就不会再来我这儿买了，所以我不会骗你的，菜肯定没问题。所以，在听了这句话后，人们也会打消疑虑，买菜回家。

其实，任何想持久经营的企业跟客户间也是一种重复博弈，那就要讲诚信。面对客户时“少许诺，多兑现”。如果许诺，一定要尽全力实现。不诚实，会让客户损失了钱，丧失对你的信任；你损失了自重精神，因为一时的收益而失去了以后的推销生涯；对整个推销行业来说，损失的是声望和公众对它的信赖。

信任是关键，对客户以诚相待，你的成功会容易、迅速得多，并且会经久不衰。

# 第三章
# 渠道激励：让你的产品畅销无阻

## 破解渠道客户的八大“阴暗”心理

在与渠道客户打交道的时候，我们有时会遇到一些非常为难的问题。比如在铺货的时候，有的客户会问你：“隔壁批发部要了没有?”这个时候，如果你说“要了”，客户会说：“他要我就不要了。”如果你说“他没要”，他又会说：“等他要了，我才要。”

总之，无论你怎么回答都是错的，这种情况真的会让人很抓狂。所以很多销售人员每次从市场上回来后，都是一个字：“累!”有的销售经理甚至坦言：“做了一辈子的销售，就没见到哪个渠道客户满意过。”

实际上，碰到这样的问题，并不奇怪。因为我们身处的是一个买方的世界。渠道里什么都不缺，特别是上门来推销的业务员比顾客还多，他能不烦吗？很多时候，渠道商在与业务员讲话的时候都是带有目的的，给业务员传递的信息也都是经过加工过滤的。很多业务员总是一脸无辜地说：“市场很平静啊，他们怎么突然不卖我们的产品了呢?”当业务员在说这句话的时候，已经说明了这样的问题：业务员没法了解到客户的“阴暗”心理。

这里说的“阴暗”，并非是讲渠道客户某些见不得人的市场伎俩，而是指渠道客户在与厂商合作中那些非常微妙的“逐利”心理。这些常见的“逐利”心理包括：

**一、追求最大限度的便宜**

我们中国人比较含蓄，因此没有人会直接跟你讲明他要“捞便宜”。但是他们会通过一些更加含蓄巧妙的问题来向你传递这个信号。特别是当一个平时对你爱理不理的老板突然非常热情地跟你打招呼的时候，你就要多个心眼了，因为他很可能是想向你要礼品了。还有就是，明明你的产品是他在市场上的主导产品，他却跟你抱怨说你的生意难做，不赚钱。他这么说的目的无非就是两种，一个是想要向你要促销，二是有竞品在和这个客户接触。

客户想要“捞便宜”的心理是永无止境的，也是永远没法满足的。面对客户这种欲望无穷的心理我们该如何应对呢？

1. 当客户向你要礼品的时候，无论有没有，在表面上都要显示出一副很抱歉的样子，并且承诺下次来的时候一定带来(切记一定要兑现)。送礼要“多次，少给”，经常去拜访，隔三差五地给一点。当然，不要与老板在礼品问题上纠缠太多，要尽快把话题转移到你关心的问题上来。

2. 当客户向你要支持的时候，你不能拒绝，应该借此提出相应的条件。比如一次性进多少货，或者是否考虑定短期销售合同。当他自知不能满足你的条件的时候，自然就不会再提要求了。需要注意的是，遇到这种情况的时候一定要向领导汇报一下，在组织内部备案，防止他向其他人提出相同问题时大家的回答不一致。

3. 对于客户的话不能轻信，也不能不信，要一一核实。对有疑问的信息，不要拒绝也不要轻易赞同，调查之后再回复。

**二、鸡蛋里挑骨头**

价格高、没名气、没促销、质量差、服务跟不上……客户总是能从鸡蛋里面挑出骨头来。这也是很多客户应对供应商的策略，即在心理上打击你，在气势上压住你，打击你的信心，让你被迫让步。沃尔玛和家乐福就经常喜欢用这一招。一般的供应商去沃尔玛和家乐福登门拜访的时候，没有两三次重复拜访你是见不到人的，等第四次见了，也仅仅只给你几分钟的时间。并且你得到的不是鼓励，而是一味的批评，其目的很简单：你得让步。

面对这样的客户，我们要坦然、谦虚，还要心平气和、不亢不卑。不反对客户的指责，但也要把自己的优势和卖点说出来，耐心地解释，用我们的优点对比竞品的缺点。学会用“是的，你说得对……不过……”句式回答客户。你对市场特别是竞品了解得越透彻，越容易应对客户的挑剔。

**三、独家销售的心理**

商家竞争也很激烈，独家销售可以控制价格和利润，谁不想要？面对持这种心理的客户，我们要跟他们讲道理，让他们明白：市场要大家一起做才能做起来，一家独做看似利润高，但没销量，还会流失客源。另外，我们也可以给实力大的客户多一点的礼品，采取差别政策，以使多家客户都能销售；或者先从小户入手铺货，然后采取夸张式的促销，造成旺销局面，刺激其他客户要货。更多的时候我们是先让一部分客户销售，放弃另外一部分，让铺货率达到60%～70%即可，再慢慢寻找机会扩大份额。

**四、从众心理**

许多中小型客户因为不敢承担风险，所以很喜欢从众，别人进货，他就进，别人不进，他也不进。所以我们可以先找一两个具有影响力的客户，给他们极大的优惠，从而带动下属网点和其他客户陆续进货。

**五、设法探寻市场信息的心理**

由于担心自己控制不了市场，害怕厂家不重视它的地位，害怕合作的品牌没有后续经营能力而带来的风险被转移，所以客户打探市场信息的欲望都很强烈。他们总是喜欢有意无意地套取你的信息。比如他们会故意对你说：“公司某经理走了，是吗？”或者说：“听说你们在隔壁市场搞进货返点活动，是吗？”其实，你自己知道，这不可能，事实是，客户在诈你呢！

对付客户的这种心理，我们应该隔三差五地给客户透露点“有价值”的信息，让客户信任你，你也能得到你想要的信息，但绝不能传递虚假信息。

**六、炫耀心理**

很多客户都爱在厂方人员面前表现自己卖得好、卖得快，目的是想得到厂方重视，获得更多优惠。有时候他们这么做也是希望你能帮他多争取促销政策。比如，带你去看终端，要相信，你看的终端肯定是最好的网点，到终端，你听到的是最好的评价，产品也摆在最醒目的位置，等应酬完后，终端老板会说：“我们应该乘胜追击，要再多点促销，或者，再多做点广告就更好了。”

对于这种心理，厂方一定不能错过，因为这是增加感情、鼓励客户的好机会。我们一定要附和他的话题，适当地赞美。这样你不仅能售出产品，还能得到朋友。

**七、害怕邻居的心理**

有50%以上的客户与相邻或对门的直接竞争者不能处好关系，有70%的商户对相邻或对门的竞争者保持警惕和担心。因此在商户密集的区域铺货时，要注意客户这种微妙的心理和客观的市场形态。在相邻客户之间铺货一定要小心谨慎，防止无意中得罪客户。最好是先调查好市场，多和将要铺货的区域内的客户交流，进行摸底。如果客户问你：“隔壁批发部要吗”？你不能轻易回答“要”，也不能轻易回答“没要”，要根据情况判断：如果两家实力相当，则相排斥的概率大；如果两家实力过于悬殊，则跟随的概率大。

如果你不能判断两家的关系，则如下两种回答更合适些，“我还没到他家铺货，以你优先”；“他说要，我还没给他，先给你，你说咋铺就咋铺”。一般来说，在一家较有规模的客户铺过以后，不要立即到他的对门那里再铺。当然，这种心理也可为我们利用，如果有客户提出的条件过高，铺不进去货，那我们就在他对门、邻居家铺，而且搞点促销，分他的客源，逼其就范。

**八、拖欠心理**

所有渠道成员都一样：只愿进货，不愿出钱。所以，第一次打交道的时候，一定先谈好付款方式。老客户一般要计划好老板在的时候送货，否则会因为老板不在收不到钱。一般来说，下午送货最合适。

有时候，老板会说，周转不开，明天再来拿钱。那就要跟他约定好具体明天几点在哪里收款。一般不要让客户打欠条。特别需要警惕的是，在北方有这么一个潜规则：打了欠条是长期赊欠，不打欠条是临时赊欠。有时候，厂方为了铺货，而客户又不愿付现款，就设置不同的铺货政策，现款与赊销给予不同的促销，鼓励渠道现款购货。有时为了达到铺货目的，也可以让他先付一半款。一定要打消客户的顾虑，承诺包退、包换，否则客户是不愿掏钱的。

## 厂商与渠道商合作时要找到彼此利益的平衡点

国内众多家电企业在开拓市场早期，大多采用大户批发制方式。即由一个大经销商在一个地区作为独家代理，负责本地区的产品销售，以后随着市场规模的扩大，会出现多家批发商共同代理，由这些“大户”掌管产品在各地市场的开拓。直到目前，在白色家电业还有许多企业如长虹、格力、美的等都在采取类似的方法。

TCL在早期的发展过程中也采用大户制的营销网络模式，但是在采用过程中，TCL发现了诸多的问题，如大户制所带来的厂家与商家的利益冲突：家电业内许多企业出现“水冲渠道”的事，如价格混乱；企业只管将厂里的货送出去，至于如何走，走到哪里等全都不管，这就很容易把销售渠道打乱了。而对于大户制的营销网络模式，不管采取何种方式处理都是技术层面的运作，并不能从整体上完成对市场的控制。

因此，从1997年开始，TCL开始坚决剔除大户，采取“直营制”的销售渠道，即由厂商自主独立经营，通过自己的销售公司直接面对经销商，实行对销售渠道拥有很大控制权的营销网络模式。

能表明TCL自己管理销售渠道决心之大的例子是其决不与“郑百文”合作。当时“郑百文”是中国最大的彩电经销商，而TCL当时还较小，“郑百文”拿出一大笔钱要TCL的货，但TCL还是拒绝了“郑百文”。TCL这样做就是为了自己的渠道，为了维持本企业对营销网络的控制。TCL没有批发商，各销售分公司就是最大的批发商，这样可以控制整个物流、价格。在TCL的发展过程中，TCL通过“直营制”营销网络模式一直牢牢主导着市场，控制着市场，并在每个发展阶段都敏锐地感受着市场的脉搏，从而能做出正确的决策。TCL在1993年还只有10多亿的销售额，到2001年时销售额已突破为200多个亿，一举成为广东最大的国有工业企业。

销售管理过程中，销售经理要根据企业的实际情况选择适合自己的渠道类型。然而，尽管很多销售经理的确也认识到了渠道在市场活动中的重要地位，但由于学识的不足或由于某种偏见，在管理实践中，存在一些误区，要么是渠道多且杂，要么就是渠道单一。大致可归纳为以下两种：

第一种就是有些管理者总是抱着“肥水不流外人田”的思想，即不甘心公司销售利润被别人“瓜分”，企图完全通过自己的力量建立销售网络，独立执行分销职能，认为自建网络要比利用中间商好，比如说，好控制、好指挥、安全、灵活、省钱等。

听起来似乎颇有道理，其实事实并非如此，因为：

（1）“天高皇帝远”，由于信息阻隔，下面玩点儿“猫腻”，总公司不一定完全知晓。

（2）以区域市场为基础建立的销售分支机构，只对总公司负责，彼此缺少协同，画地为牢，互成壁垒，极易形成一个个割据分裂的“小诸侯”。

（3）“亏总部，富个人”，应收账款回不来，挟货款而逃的例子，比比皆是。

（4）摊子铺得太大，惰性积淀严重，一旦有风吹草动，很难在短期内形成“重拳”出击。

（5）人员开支、行政费用、广告费用、市场推广费用等浪费巨大。虽说以上问题不一定是普遍现象，但有一点可以肯定：管理不严，这些现象一定会出现。

要解决上面的问题，厂家就应多方考察，增添一些特定渠道，尽量避免因缺乏渠道而带来的许多问题。

而另外一种就是有的渠道管理者认为渠道越长越好，其实渠道长有长的好处，如日用消费品，其消费对象居住区域高度分散，产品购买频率又比较高，销售环节较多，长渠道比较适合。

但这并不意味着渠道越长越好，原因在于：

（1）渠道过长，增大了管理难度。

（2）延长了送达最终用户的时间。

（3）环节过多，加大了产品的损耗。

（4）厂家难以有效掌握终端市场供求关系。

（5）厂家利润被分流。

针对上面的这种情况，渠道管理者就要酌情减少某些特定渠道，让整个渠道顺畅无阻。因此，对于销售经理来说，渠道的多寡要视具体情况而定，有时需要增设某些类型的渠道，有时则需要删减某些类型的渠道。总之，要协调好厂商与渠道商之间的利益，找到利益的平衡点，才能在合作中取得双赢的合作效果，达到“你好我也好”的目的。

## 发挥逆向思维，“倒做渠道”

进行市场营销，除了要有好产品、好广告之外，渠道建设也非常重要。现代市场营销理论和实践证明：谁控制了渠道，谁就赢得了客户。史玉柱是市场营销的高手，他不仅深谙渠道的重要性，而且发挥逆向思维，“倒做渠道”。

催生史玉柱痛下决心采用新形式做渠道的，是巨人的回款问题。史玉柱说：“当年我们珠海巨人集团做脑黄金是代销的，其结果是有 3 亿元钱收不到。现在我再也不会做这种傻事了，钱不到账不发货，到现在没有一分钱应收款。”

这是他在资金回笼出现问题，并且经历失败后总结出来的经验，为了使“应收账款问题”不影响自己的企业，史玉柱在做渠道时，不像一般产品销售那样急于铺货，而是采用了一种特殊的方式。在一个地区市场启动前，先打广告，让顾客到商店找上门来，然后史玉柱就等着经销商带着钱来要货。

一旦瞄准某个市场，在启动之前，脑白金通常会举行大规模的免费活动。赠送结束之后，有的消费者还想继续服用，就会到药店去找，消费者找到产品，经销商就会找到厂家。当产品达到一定销量时，脑白金的广告随之出台，让经销商闻风而动，“主动”前来要求经销该产品。这时，史玉柱就会要求经销商现金提货，以始终确保应收款为零，这样形成的良性循环，与厂家推经销商，经销商推市场的做法正好相反。

史玉柱解释说，先把经销商放到一边，转而向终端消费者展开攻势，创造市场拉力，这叫“倒做渠道”。这样做无疑会造成一定的广告流失，并延误市场开发速度，然而却可以避免可能产生巨额坏账的风险。

“倒做渠道”是区域代理和区域蚕食相结合的产物。它针对一些居民居住比较集中的城市，通过划分一个区域，集中力量做渠道，做成后再转入下一个市场，采用的是打一枪换一个地方的游击形式。它的最终理想模式是在一个城市建立一个可控的金字塔式的短渠道的分销网络，从而建立一个稳固的销售基础。

另外，“倒做渠道”在区域市场成熟后必须选择一家符合条件的经销商作为区域代理，因为“倒做渠道”的区域内人口比较分散或者市场环境比较复杂，维持市场的成本比较高，不如转给经销商。将渠道交给经销商，厂家对零售渠道的控制能力不会丧失，同时抑制了经销商的反控能力，对市场始终占有主动权。

因此，史玉柱在经营过程中规定：

原则上小型城市选一家经销商，但经销商一定要信誉好，在当地有固定的销售网络，是该地区最有实力和影响力的人物，经销商与政府方面（工商、技监、防疫站等）的关系好。

经销商负责固定地区脑白金产品的销售，不得冲货，不得越区域销售，避免引发同类产品恶性竞争。销售价格必须统一，且价格稳定，同时，必须回款及时。

对于可能发生的不良行为，史玉柱责令：

不允许个人以任何名义与经销商签订合同，否则视为欺诈行为。同时，所有办事处要把代表处的经销商合同及有关资料传回子公司审批，合同原件一定要寄回总部。并特别提出：及时回款、价格稳定、不允许冲货。这一套监督体系和制度使得各地经销商能严格执行“脑白金”的各种策略，保证分销渠道的畅通和稳定。

在“倒做渠道”的模式下，脑白金几年来销售额达100多亿元，但坏账金额仍为0。而在保健品行业，坏账10%可以算是优秀企业，20%也属于正常。事实上，这种创新模式不但解决了史玉柱的回款问题，它在占领市场、巩固市场、扩张市场方面的积极作用，也使其成为后来国内市场营销行业争相效仿的销售宝典。

## 了解客户需要，设计合理的渠道

设计营销渠道第一步是分析服务产出水平，其目的是了解其选择的目标市场中消费者购买什么商品（what）、在什么地方购买（where）、为何购买（why）、何时买（when）和如何买（how）。这就要求企业在设计渠道方案前必须了解关于影响渠道服务产出水平的因素。

在个人电脑市场中，消费者可分为商业用户、家庭用户和学生用户，其对服务产出水平的需求可分为高、中、低三个级别。这三类不同目标市场的用户，对服务的需求水平存在显著差异。根据科特勒的五个影响因素进行分析，可知：

批量规模：一般而言，商业用户多为集团采购，采购量比较大；家庭用户和学生一般情况下每次只需购买一台。

空间的便利性：就家庭用户和学生用户而言，在最初的购买阶段，对于空间的便利性的要求相对不那么高，但在售后服务阶段肯定高。对于商业用户来说，一般商业用户都会有自己的电脑技术与维修人员，所以要求不会太高。

配送—等待时间：就个人电脑市场而言，在最初的购买阶段，家庭用户对于电脑的需求不是那么急迫，所以可能最肯花时间等待。商业用户需要快速的送货以及最短的等待时间，因为配送—等待时间直接影响到他们的工作效率。对于学生用户，尤其是在新学期开学，这种需求程度就更高。

在售后服务阶段，家庭用户需求最低，学生用户高。商业用户对售后服务阶段的配送—等待时间的要求也并不是很高。

品种花色的多样化：对软件品种花色的需求。用户购买电脑的用途决定了其对于软件种类的需求，商业用户在三类用户中对软件的品种需求是最高的；家庭用户只需要一些文字处理系统和游戏程序即可，因此品种需求低。个人电脑品牌上的需求，商业用户则是三类目标市场中最低的一类，家庭用户中是最高的。无论是对软件还是对品牌的种类需求，学生用户都处于商业用户和家庭用户之间。

服务支持：家庭用户和学生用户对服务支持的需求都高，一旦机器出了故障，他们对制造商的技术支持和维修服务具有一定的依赖性。而商业用户由于其自身拥有这方面的专业技术人员与维修设备，故对技术支持和维修服务的需求相对来说要低得多，但其可能需要信贷、延期付款、商业折扣等方面的支持。因此，在个人电脑市场上，对家庭和学生两类用户提供服务的成本，高于向商业用户提供服务的成本。

此案例中三个目标市场用户对于服务产出水平的需求存在差异，不但三个目标市场对服务需求的程度不一样，即使是同一目标市场，其在不同的阶段对于服务需求的程度也存在差异。因此，在向目标市场消费者提供服务产出时，要针对其需求的差异性，区别对待，而不是一视同仁，不加区别。

营销渠道的设计者必须了解目标顾客的服务产出需要，才能较好地设计出适合的渠道。渠道专家巴克林将影响营销渠道服务产出水平的因素分为四类：

批量规模：是营销渠道在购买过程中提供给典型顾客的单位数量。一般而言，批量越小，由渠道所提供的服务产出水平越高。

空间的便利性：顾客能够在他所需要的时候不需要花费很大的精力时间，就能获得所想要的产品或服务，渠道的空间便利程度就较高。

配送—等待时间：即渠道顾客等待收到货物的平均时间。顾客一般喜欢快速交货渠道。但是快速服务要求一个高的服务产出水平。

品种花色的多样化：一般来说，顾客喜欢较宽的花式品种，因为这使得顾客满足需要的机会增多了。

菲利普·科特勒在前面四类的基础上又增加了一项——服务支持，也就是服务后盾，是指渠道提供的附加的服务（信贷、交货、安装、修理）。服务后盾越强，渠道提供的服务工作越多。这五类服务产出基本上概括了不同的渠道系统中的消费者的各种需求类型。

## 激励渠道成员，促进更有效的销售

公司在确定了方案，选择了渠道成员后，营销渠道就建立起来了。但这并不意味着公司的工作就结束了。同企业的员工一样，渠道的成员也需要激励，以促使他们进行更有效的销售。

某食品厂家与其他大多数厂家一样，以前对经销商的返利政策是以销量作为唯一的返利标准，且销量越大返利的比例越高。这在无形中诱导了经销商依量求利，从而导致经销商蹿货、杀价等不规范运作行为的出现。

认识到事情的根源之后，此食品厂家吸取教训，在返利政策的制定上不以销量作为唯一的考核标准，而是根据厂家不同阶段对营销过程的管理来综合评定返利标准。如此，除了完成销售定额给予经销商一定奖励外，还设定了以下返利奖励：

铺市陈列奖：在产品入市阶段，厂家协同经销商主动出击，迅速将货物送达终端。同时厂家给予经销商以铺货奖励作为适当的人力、运力补贴，并对经销商将产品陈列于最佳位置给予奖励。

渠道维护奖：为避免经销商的货物滞留和基础工作滞后导致产品销量萎缩，厂家以“渠道维护奖”的形式激励经销商维护一个适合产品的有效、有适当规模的渠道网络。

价格信誉奖：为了防止经销商出现蹿货、乱价等不良行为，导致各经销商最终丧失获利空间，厂家在价格设计时设定了“价格信誉奖”，作为对经销商的管控。

合理库存奖：考虑到当地市场容量、运货周期、货物周转率和意外安全储量等因素，厂家设立“合理库存奖”鼓励经销商保持适合的数量与品种。

经销商协作奖：为激励经销商的政策执行、广告与促销配合、信息反馈等设立协作奖，既强化了厂家与经销商的关系，也是淡化利益的一种有效手段。

对于每个经销商来说，促使他们参加渠道体系的条件固然已提供了若干激励因素，但是这些因素还需要通过制造商经常的监督管理和再鼓励得到补充。对渠道成员的激励其实就是了解各个中间商的不同需要和欲望，然后以相应的方式去满足他们。对此，营销人员还建议，可以通过以下方式激励经销商：为中间商提供市场热销产品；提供产品组合；及时提供必要的业务折扣；给予中间商适当的利润；对中间商进行适当的培训等。

# 第四篇

# 谈判心理学

# 第一章
# 备战：在开始阶段取得优势

## 要事先熟悉产品信息

一个对自己准备销售的产品都不了解的人，怎么期望他能够说服客户购买呢？

许多人都抱怨过这样一件小事：比如你去超市购物，想买的商品不知道具体放在什么地方。于是，我们都会选择询问身边的导购人员，但满心的期望最后多半以失望告终。导购人员只知耕耘自己面前的一亩三分地，对超市其他商品信息的不熟悉导致客户产生负面情绪。

无论是商场超市的导购，还是公司的销售代表、谈判专家，对自己公司产品信息的掌握是一个必备的基本素质。

那么对产品信息的了解，究竟包括哪几方面呢？

营销人员应该尽可能多地了解产品，掌握产品各方面的知识，主要有以下几项：

产品的主要性能（包括主要的量化指标）；

价格（还应掌握价格与成本的关系）；

库存情况（这一点至关重要，牵涉到能否保证向客户供货的问题）；

服务的主要内容（包括方式、种类、范围、程度等）；

必须注意的事项（如产品的安全事项、使用事项等）；

竞争对手的产品优劣（因为在说服客户时可以据理力争）。

相关的产品知识，是营销人员必须掌握的基础知识之一。

一位营销专家说过："没有什么比从一个毫无产品知识的营销员那里买东西更令人失望了。"

优秀的公司都注重提高营销人员的产品知识水平，而且采用了灵活多样的方式。

戴尔先生是一家酒店的经理，他喜欢在日常工作中检验员工对产品的认识和了解程度。例如，戴尔先生走进休息室，会问大家：

"我们很快就要举行一次情人节的促销活动，你们能告诉我有些什么项目吗？你们对预定的折扣率有什么看法？"

需要说明的是，休息室内不但有专门的营销人员，还有其他人员，例如办公室人员和勤杂人员。在戴尔先生看来，每一个在酒店工作的人都应该掌握相应的产品知识。当情人节的促销活动举办时，如果有一位顾客走到酒店门口，向正在擦拭玻璃的清洁员询问有关促销活动的问题时，清洁员必须对答如流，而绝对不能一问三不知。

与戴尔做法接近的还有迪斯尼乐园。迪斯尼乐园为了能更好地服务游客，对每一个员工都要进行严格的培训，哪怕他只是一个假期打工的学生。从拖地到学习照相机的技能，再到熟悉地理环境，迪斯尼的每一位员工都必须做到熟练掌握，以备游客的"突然询问"。

熟悉产品信息不仅是对营销、销售人员能力的基本要求，也是客户需求的体现。

虽然不断增加的产品功能和不断细分的市场有助于满足客户全方位、深层次的需求，但是面对越来越多的同类商品，客户在需求被满足之前恐怕首先面对的是迷惑和困扰，而这些迷惑和困扰正来自于客户对产品各种情况的不了解。

任何一位客户在购买某一产品之前都希望自己掌握尽可能多的相关信息，因为掌握的信息越充分、越真实，客户就越可能购买到更适合自己的产品，而且他们在购买过程中也就更有信心，尤其是一些高档的产品，比如电脑、家电等。可是，很多时候客户都不可能了解太多的产品信息，这就为客户的购买造成了许多不便和担忧。比如不了解产品的用法，不知道某些功能的实际用途，不了解不同品牌和规格的产品之间的具体差异，等等。对产品的了解程度越低，客户购买产品的决心也就越小，即使他们在一时的感情冲动之下购买了该产品，也可能会在购买之后后悔。

其实，很多人都有过这样的体验，到电子商城去买一些电子产品时，同一种商品总会有至少三种不同品牌的产品，价格不一样，商家着重宣传的功能和优势等也不尽相同。面对这种情况，客户自然不会轻易决定购买哪种产品。此时，哪种品牌的销售人员对产品的相关知识了解得越多，表现得越专业，往往越能引起客户的注意，而最终，这类销售人员通常都会用自己丰富的专业知识和高超的销售技能与顾客达成交易。

一句话，成功的沟通不能忽略产品信息这一重要细节，平时就应该多用心学习产品的各种功能，做到对产品信息熟悉得如同自己的身体一样。特别是我们需要重点掌握自己产品的使用方法、优势，以及其他同类产品的特点。

有一位女推销员，她费尽心思，好不容易电话预约到一位对她推销的产品感兴趣的大客户，然而却在与客户面对面交谈时遭遇难堪。

客户说："我对你们的产品很感兴趣，能详细介绍一下吗?"

"我们的产品是一种高科技产品，非常适合你们这样的生产型企业使用。"女推销员简单地回答，看着客户。

"何以见得?"客户催促她说下去。

"因为我们公司的产品就是专门针对你们这些大型生产企业设计的。"女推销员的话犹如没说。

"我的时间很宝贵，请你直入主题，告诉我你们产品的详细规格、性能、各种参数，以及有什么区别于同类产品的优点，好吗?”客户显得很不耐烦。

“这……我……那个……我们这个产品吧……”女推销员变得语无伦次，很明显，她并没有准备好这次面谈，对这个产品也非常生疏。

“对不起，我想你还是把自己的产品了解清楚了再向我推销吧。再见!”客户拂袖而去，一单生意就这样化为泡影。

百问不倒是一种严格、缜密的基本功，依靠的是严谨，甚至是机械的强化训练，是通过对客户可能问到的各种问题的周到准备，从而让客户心悦诚服的一种实战技巧。女推销员没有对产品倾注自己的热情，于是造成不了解产品而一问三不知的状况，自然无法在客户心中建立信任。

## 善用“空间战”，占领“我的地盘”

回想一下，每一次单位组织开大会，同事之间的座次是否有一定的规律?就拿你自己来说吧，你是不是总会不自觉地与一些人坐在一起，而同样不自觉地远离某些人?而其他同事也同样，总会和固定的一些人坐在一起?

**一、缩短空间距离，拉近彼此的心理距离**

人的心理距离会通过空间距离表现出来，而空间距离会影响人的心理距离。

那些走在一起、坐在一起的人，一定是非常熟悉或较为亲密的人。他们或许是在部门里朝夕相处并建立了良好关系的同事，也可能是在开会或公司其他活动中，偶然坐在一起并互生好感的其他人。而人们下意识远离的人，要么是职位相差很远；要么是彼此接触很少，感到陌生；或者是彼此不欣赏甚至不喜欢。

销售也是同样的道理，如果要得到客户的信任，在空间上做一些改变，会产生意想不到的效果。销售员在推销产品的过程中，更换位置也是出于同样的道理。

当销售员与消费者面对面而坐，消费者面对产品举棋不定时，如果销售员以更好地展示产品为借口，移到消费者身边与他（她）并肩而坐，以非常靠近的方式来说服他（她），消费者就很可能答应买下产品。

看来，要想消除对方的警戒心，缩小彼此的心理距离并不难，只要你善于利用“接近的功效”。找个理由靠近对方，与他（她）肩并肩地坐着，你会发现，事情就在突然之间有了转机。

**二、控制对方空间，依靠“我的地盘”获取心理优势**

在某种程度上，地位高的人可以侵犯地位低的人的隐私和个人空间。例如，老板可以旁若无人地到部门经理的办公室、部长可以不敲门就进入科长的办公室、父母可以不经过同意直接进入孩子的房间……为什么会这样？

在心理学的解释中，这属于“空间侵犯权”，也就是说一个人的地位越高，能够占有的空间就越广阔。相反，地位越低，拥有的空间就越有限。这就是经理可以有独立办公室，员工却只能挤在一个办公室里，大家共享一个空间的原因。

在销售的大型商务谈判中，能不能控制对方的空间与能不能占到优势紧密相连。比如，谈判是和对方面对面坐着交谈，想要摆出强硬有力的姿态的最好方式，是不露痕迹地把自己的水杯及记事本等个人用品往前放，这就起到了侵犯对方空间的作用。而把自己的笔和资料等物品“咚”的一声放到桌子上，一下占去大半张桌子的情况则被称为“做标记”，其隐含的意思是“这是我的空间”。这会给对方造成无形的压力。

另一种情况是在站立时，站立也需要抢占空间。初次与客户见面一般会先站着寒暄一下。当彼此不熟悉的时候，相距的间隔大概为60～80厘米，而在这段距离产生的同时，心理的较量也已经开始。从心理学的角度来看，当两个人面对面站着时，右脚迈出一步，以一种要包围对方左侧的姿势靠近对方，会在心理上处于优势地位。

当然，在销售谈判中，“我的地盘”在人们的心里同样起着不容小觑的作用。进行商业谈判时，你应该尽量让对方来你的公司或者选择自己熟悉的场所。特别是第一次见面的时候，因为自己熟悉的空间此时就变成了“优势空间”，在熟悉的环境中，就不会产生不必要的紧张，并且能给对方施加心理上的压力。就如同体育比赛中“主场”和“客场”的概念，经调查分析，任何球队在主场获胜的概率都远大于在客场。

田纳西大学的心理学家萨德斯·特劳姆和卡洛伊曾经做过一个实验，实验的内容是让大学生们讨论问题，实验地点在大学生的宿舍。实验过程分为“在自己的宿舍讨论”和“打扰别人，在别人的宿舍讨论”两种情况。实验中，用秒表悄悄记录了在自己的宿舍发言的人的发言量以及以“客人”的身份去别人的宿舍发言的人的发言量。结果表明，在自己宿舍里讨论的大学生能够自由发言，与此相对，作为客人时却发言不多。而且，当讨论过程汇总出现两个人意见不一致的时候，往往是在自己宿舍的人的发言占绝对的优势。

这个实验清楚地表明了空间对心理的影响，也就是说“在自己的领地进行谈判，必然能获得心理上的优势”。

在销售谈判中经常会有招待客户的情况，这时选择自己常去的饭店已经是大家共有的常识。因为你熟悉的饭店就好像是你的领地，能够让你获取心理上的“主场”优势。而如果是接受对方的招待，若有条件，可以事先去招待场所看一下，熟悉招待场所的基本信息，这样有助于心理压力的减轻。

## 三款经典开场白，消除客户拒绝你的机会

你有没有经历过和自己并不是很熟悉的人面对面而坐但却没话说，冷场的结果是大家都感到很不舒服？如果换成谈判，如果在谈判过程中没有一个融洽的气氛，那么谈判成功的概率

就会减少很多。

谈判中，开场白是一个入口，一个好的开场白，对每个推销员来说无疑是推销成功的敲门砖。因此，在与客户面谈时，不应只是简单地向客户介绍产品，更要注意拉近双方的距离，与客户建立良好的关系，找到最合适的入口，让客户无法拒绝你。

**一、温馨话题法**

任何谈判都是在一定的氛围中进行的，谈判氛围的形成与变化将直接影响到整个谈判的结局。特别是开局阶段，有什么样的谈判氛围，就会产生什么样的谈判结果，所以无论是竞争性较强的谈判，还是合作性较强的谈判，成功的谈判者都很重视在谈判的开局阶段营造一个有利于自己的谈判氛围。

心理学研究发现，人的心理受周围气氛影响，如果一开始的话题就给人以温馨的感觉，那么这种感觉会持久地感染到对方，谈判就会更加容易进行。尤其是谈判开始那一瞬间的影响最为强烈，它奠定了整个谈判的基础。所以，在商业谈判之前，先和对方聊点温馨的闲话，如："说起来，前几天有这么一件事……""我儿子啊，前几天捡回来一只被人遗弃的小狗，本来我想把它扔掉，结果，我现在比儿子还喜欢它呢……"

这种能让对方感到亲切的话题，很容易让当天的谈判顺利进行。为了达到这个目的，平时就应该准备一两个温馨的话题。

**二、轻松自嘲法**

幽默一直被人们称为只有聪明人才能驾驭的语言艺术，而自嘲又被称为幽默的最高境界。由此可见，能自嘲的人必须是智者中的智者、高手中的高手。自嘲是缺乏自信者不敢使用的技术，因为它要你自己骂自己。也就是要拿自身的失误、不足甚至生理缺陷来"开涮"，对丑处、羞处不予遮掩、躲避，反而把它放大、夸张，甚至进行剖析，然后巧妙地引申发挥、自圆其说，取得一笑。没有豁达、乐观、超脱、调侃的心态和胸怀是无法做到这一点的。这也从侧面体现了一个人的素质修养，并且自嘲谁也不伤害，最为安全。

在所有工作中，销售是最容易碰壁和遭受尴尬的。我们可以用自嘲来活跃谈话气氛，消除紧张；在尴尬的时候，也可以用自嘲来找台阶下，保住面子和尊严；有时候在谈判时我们很可能会因为激动而措辞生硬，使对方不悦，这时候，如果能赶紧刹住话匣子："对不起，我这个人容易激动，刚才真成了一只斗鸡了。"对方定会付之一笑，不予计较。总之，适时适度地自我嘲笑，不仅能让不友善的气氛变得友善，还能让他人在尽可能短的时间内接纳你。

**三、激起兴趣法**

客户对产品产生兴趣是谈判成功的基础，所以设法激起顾客的兴趣最为重要，也是开场白中运用得最多的一种方法。每个人都喜欢谈自己感兴趣的话题，如果你所说的话能引起客户的兴趣，客户就会继续谈下去。

## 控制对方的时间，传达"我很重要"

在销售中，一定是销售员被客户牵着鼻子走吗？对客户唯命是从就是对客户真正的尊重吗？

在大型销售谈判过程中，"争夺时间"是一项有效的心理战术。

在销售的谈判阶段，争夺时间就是通过一些小的手段占据对方时间的一种行为。运用心理学的原理，当占据了对方一定的时间，就表明你具有随心所欲操纵对方时间的能力。因此，当销售人员准备与客户见面时，应该尽可能地根据自己的情况决定见面的时间，尤其是大型的商务谈判，切不可说"根据您的时间定吧"。

销售是一场博弈，胜在心理战术。如果对方提出要在星期几或是哪天见面的话，而你一定要做敲定具体时间的人。也就是说不能让对方从头到尾掌握控制权，这才能防止在见面时被对方的气势压倒。

在大型的销售谈判中，气势是最重要的，它决定着成交是否成功，决定着获得更高的价格优势等。如果可能的话，你要扮演掌控对方时间的角色。这样从一见面，你就把对方放在了一个比你低的位置上。最简单的方法就是让对方等你，这也就是占据了对方的时间。

加利福尼亚州立大学的心理学家罗伯特·莱宾教授指出：让对方等待时间的长短，取决于这个人的重要程度。比如学校里的教授，能让学生长时间等待的教授往往会被认为是重要人物。心理学家詹姆斯·帕鲁斯和卡萨力·安达克就曾做过一个非常独特的实验，实验结果显示，大学课堂上如果讲师上课迟到，学生只会等 10 分钟，如果 10 分钟后讲师不到，学生就会回去；如果是副教授迟到，学生们能等 20 分钟；如果是教授上课迟到的话，学生们可以等 30 分钟。由此可见，随着地位的提高，一个人能占据的对方的时间也会增加。

在与客户谈判的过程中，如果谈判已经非常深入，而你想在下一次的谈判中让对方答应你的要求，那么你可以尝试比约定时间晚几分钟再去，这是一个有效的心理战术。如果迟到几十分钟的话，会让对方觉得你很没有礼貌，但如果只迟到几分钟的话，一般情况下完全没有问题。这样，占据对方的时间就成为一个事实，这时，你传达给客户的是“我是一个重要人物”的信息。

还有一个细节，就是在谈判过程中，请同事或秘书给你打电话，然后对对方说：“对不起，我接一下电话……”让对方等你 5 分钟左右，这也是一种谈判技巧。通过占据对方的时间，无形中就取得了非常重要的心理优势，让对方产生一种你很忙的感觉。

同样，如果对方控制了你的时间，最有效的反击办法是让对方产生愧疚感。

例如，当你判断出对方是故意比约定的时间来得晚的时候，你一定要特意强调“没关系，我真的不在意你迟到了”，这样很容易就会让对方在心理上产生愧疚感。

斯坦福大学的心理学家麦力鲁·卡鲁史密斯博士和威斯康星大学的阿兰·克劳斯博士曾经通过实验证明，心中怀有愧疚感的人容易服从对方。在实验中，他们让一位学生（不知情的被实验者）因为使用电器造成对方休克（实际上对方并没有受到电击）而产生愧疚感，在这之后，这位学生对对方提出的毫无道理的要求的服从率是通常情况下的3倍。

因此，在对方占据了你的时间后，让他产生愧疚感，是一种有效战术。

除却愧疚感的影响力，对于占据了你的时间的情况，还有一种反击办法，就是再去占据对方的时间。比如，当对方因为临时的电话或其他情况对你说“抱歉，请稍等”，然后离开的时候，你就把自己的资料在桌子上摆开，不慌不忙地开始工作。即使在对方回来之后，你也完全可以以一句“请稍等一下”让其等待，自己低头继续工作。这样就又占据了对方的时间，通过一来一回的时间争夺，在谈判中就取得了相对的平衡。

如果你这个时候恰好没有什么事情来打发这段时间，也可以随便和谁打个电话。要注意，在对方回到座位之后，不要立刻挂电话，而是让对方再稍等一会儿，这样也能给对方传达出“我非常忙”的信息，无形中给对方施加压力。

除此之外，还应关注的一点是，要使占据对方的时间与对方占据你的时间保持平衡。如果对方占据了你5分钟，那么你就随便和谁打个电话，也占据他5分钟；如果对方占据了你10分钟，那你就夺回这10分钟。

运用控制时间来获取心理优势，对谈判结果将起到非常有效的作用。

## 充分了解客户需求

刘明是某电脑公司的销售代表，他这次来跟国税局的李主任谈判的目的主要是推销公司的服务器。

“李主任，国税局的信息系统是怎么构架的？”

“我们有办公系统和税务管理系统。税务管理系统是我们的业务系统，这次采购的服务器就是用于这套系统。”

“我听说你们的办公系统使用得非常成功。我相信这次管理系统的建设也将会取得成功。您对这次计划采购的服务器有什么要求呢？”

“这批服务器用于存储和计算税务的征收情况，所以最重要的就是服务器的可靠性。”

“对，所有重要的数据都存储在服务器的硬盘内，数据的丢失将会带来很大的损失。您想怎样提高服务器的可靠性呢？”

“首先，我们要采用双机系统，所以服务器要支持双机系统。其次，服务器的电源、风扇要有冗余。另外存储系统要采用磁盘阵列，支持RAID5。”

“您是倾向于使用内置的磁盘阵列，还是外置的磁盘阵列？”

“外置的，外置的更可靠一些。”

“这样，就有双保险了。您对于服务器还有其他的要求吗？”

“处理能力。我们要求服务器至少配备两个CPU，PCI总线的带宽为133兆以上；I/O系统采用80兆以上的SCSI系统。”

“您的这些要求我们的产品全都可以满足，您为什么需要这样的配置呢？”

“我们的数据量增加很快，现在我们的服务器每秒钟需要处理500笔操作，我估计3年以后可能达到1000笔。我是根据现在服务器的处理能力估算出来的。”

“噢，您希望服务器能够满足3年的要求？”

“这是局长的要求。”

“这个配置正好是现在的主流。除了可靠性和处理能力以外，其他的要求呢?”

“服务也非常重要，我们要求厂家能在24小时内及时处理出现的问题。”

“对，服务非常重要，我们一直将客户服务作为最重要的指标。其他方面呢?”

“没有了。”

“让我总结一下。首先您希望服务器具备很好的可靠性，支持双机系统、冗余的电源和风扇，支持RAID5的磁盘阵列。其次，您对处理能力的要求是双CPU，主频高于800兆，总线带宽大于133兆，I/O速度大于80兆。另外，您还要求厂家能在24小时内及时处理故障，对吗?”

“不错。”

两周之后，刘明为客户提供了符合要求的服务器。

谈判人员可以通过提问获得一些信息，包括客户是否了解你的谈话内容，客户对你的公司和你推销的产品有什么意见和要求，以及客户是否有购买的欲望。

在这个案例中，推销员刘明很好地充当了顾问的角色，在拜访李主任之前，刘明就进行了深入思考。要想拿下这个客户，就要了解其需求，于是他设计了一系列的问题，做好了充分的准备。

在与李主任谈判的过程中，刘明按照自己事先设计好的问题一步步提问，把客户的思维始终控制在自己的计划内。当他了解了客户的需求后，自然就能够为客户提供符合其需求的产品，让客户满意。

满足客户的需求就是满足自己的需求，因此，了解客户的需求是关系到交易是否能成功的首要工作。所以，如果你要谈判成功，要获得更多的签单，你就必须提升自己的策划能力，善于巧妙地设计问题。

# 第二章
# 把握：获得对方的信任与好感

## 投石问路，逐渐消除对手的戒备心理

谈判开始时，虽然双方人员表面彬彬有礼，内心却对对方存有戒备心理，如果这个时候直接步入主题，进行实质性谈话，就会进一步强化对手的警觉心理。

谈判开始的话题最好是松弛的、非业务性的，要善于运用环顾左右、迂回入题的策略，给对方足够的心理准备时间，为谈判成功奠定一个良好的基础。

环顾左右、迂回入题的做法很多，下面介绍几种常用且有效的入题方法。

**一、从题外话入题**

谈判开始之前，你可以谈谈关于气候的话题。“今天的天气不错。”“今年的气候反常，都三、四月份了，天气还这么冷。”也可以谈谈旅游、娱乐活动、衣食住行等，总之，题外话内容丰富，可以信手拈来，不费力气。你可以根据谈判的时间和地点，以及双方谈判人员的具体情况，随口而出，亲切自然，刻意修饰反而会给人一种不自然的感觉。

**二、从“自谦”入题**

如对方为客，来到己方所在地谈判，应该向客人谦虚地表示各方面照顾不周，没有尽好地主之谊，请谅解等；也可以向主人介绍一下自己的经历，说明自己缺乏谈判经验，希望各位多多指教，希望通过这次交流建立友谊等。简单的几句话可以让对方有亲切的感觉，心理戒备也会很快消除。

**三、从介绍己方人员情况入题**

在谈判前，简要介绍一下己方人员的经历、学历、年龄和成果等，让对方有个大概的了解，既可以缓解紧张气氛，又不露锋芒地显示己方的实力，使对方不敢轻举妄动，暗中给对方施加心理压力。

**四、从介绍己方的基本情况入题**

谈判开始前，先简略介绍一下己方的生产、经营、财务等基本情况，提供给对方一些必要的资料，以显示己方雄厚的实力和良好的信誉，坚定对方与你合作的信念。

**五、投石问路巧试探**

投石问路是指谈判中一种常用的策略。作为买家，由此可以得到卖家很少主动提供的资料，分析商品的成本、价格等情况，以便做出自己的抉择。

投石问路是指在谈判过程中巧妙地试探对方，常常借助提问的方式，来摸索、了解对方的意图以及某些实际情况。

如当你希望对方得出结论时，可以这样提问：

"您想订多少货?"

"您对这种样式感到满意吗?"

……

总之，每一个提问都是一颗探路的石子。你可以通过了解产品质量、购买数量、付款方式、交货时间等来了解对方的虚实。面对这种连珠炮式的提问，许多卖主不但难以主动出击，而且宁愿适当降低价格，也不愿疲于回答询问。因此，在谈判中，恰到好处地运用"投石问路"的方法，你就会为自己一方争取到更大的利益。

想要在谈判中尽快降低对方的警觉性，谈判之前就要做好充分的准备。你最好先了解和判断对方的权限及背景，然后把各种条件及自己准备切入的问题重点简短地写在纸上，在谈判时随时参考，提醒自己。

## 利用左右脑技巧，转移潜在客户现有的忠诚度

小宋是A报的广告业务员，上星期曾跟一个客户谈判，但是谈判最终破灭。今天他打电话给这个客户，探询对方的意向。

业务员："李总，您好，我是A报的小宋，上周四我们曾经谈过，咱们说好今天把广告定下来，您打算做1/3版还是1/4版？"

客户："我们一直都在B报纸上刊登广告，合作很久了。"

业务员："那确实是不错！你们满意这家报纸吗？"

客户："还不错！挺好的。"

业务员："是什么最令你们满意？"

客户："他们的版面费比较低。"

业务员："李总，您是知道的，我们这个版费是标准版费，同行业都是这个标准，而且我们报纸的发行量也是屈指可数的。您在其他小报上做几个广告合起来的发行量还不如我们一家报社，费用却高多了，您说是吧？"

客户："嗯，这……"

业务员："您就别犹豫了，您看是做1/3版，还是1/4版？"

（客户沉默了10秒后）

业务员："李总，您是知道的，目前有很多客户都想做这个头版，您要是再迟疑的话，就错过后天的版面了。今天是最后一天的小样定稿，您看我是现在过去到您那里拿材料，还是……您要是忙的话就交给刘秘书，我过去取，晚上我就给您送小样过去。"

客户："那好吧。"

当你跟潜在客户谈判时，可能会遇到这样的答复："我很满意目前的供应商。"其实，仔细分析一下客户答复中所说的"满意"，这个意思可能是120%的满意，也可能仅仅是55%的满

意，甚至有可能是采购人员不愿意改变现状罢了。所以，绝大多数的潜在客户会说："我很满意目前的供应商。"90%是不愿意多费时、费事而已，并不是就真的对现在的供应商满意了。所以这就到了考验推销员右脑能力的时候了。

案例中的小宋正是理解了客户所说的"满意"的含义，所以，他并未继续介绍自己报纸的优势，而是说："那确实是不错！你们满意这家报纸吗？"目的是要确定该潜在客户到底对现在的供应商有多满意，接下来又追问客户满意的原因，这是一种获得对方理解以及认同的右脑技巧。

在得到客户的回答是"版面费比较低"时，小宋终于了解了客户满意程度的真实性，于是他开始使用自己的左脑，详细分析自己报纸更加优秀的方面，比如发行量很大等，使客户认识到自己报纸的版面费并不高，最后取得了客户的认可。

可见，面对类似客户拒绝的时候，推销员可以先采用右脑技巧，探知客户满意度的真实性，然后利用左脑能力说服顾客，以达到转移潜在客户现有的忠诚度，从而替代其目前供应商的目的。

## 熟悉首要客户的情况，在谈判之前就展开心理公关

几年前，华北某省移动局有一个电信计费的项目，A公司志在必得，系统集成商、代理商组织了一个有十几个人的项目小组，住在当地的宾馆里，天天跟客户在一起，还帮客户做标书，做测试，关系处得非常好，大家都认为拿下这个订单是十拿九稳的，但在最后投标时却输给了另一家系统集成商。

不打不相识，最后双方决定坐下来谈一谈，看看有没有合作的可能性。后来得知，中标方的代表是位长相很普通的李小姐。事后，A公司的代表问她："你们是靠什么赢得了那么大的订单呢？要知道，我们的代理商很努力呀！"李小姐反问道："你猜我在签这个合同前见了几次客户？"A公司的代表就说：

“我们的代理商在那边待了好几个月，你少说也去了 20 多次吧。”李小姐说：“我只去了 3 次。”只去了 3 次就拿下 2000 万的订单，肯定有特别好的关系吧？实际上，李小姐在做这个项目之前，一个客户都不认识。

那到底是怎么回事呢？

她第一次来移动局，就分别拜访了局里的每一个部门，拜访到局长的时候，发现局长不在，办公室的人告诉她局长去北京出差了。她就又问局长出差住在哪个宾馆，马上就给那个宾馆打了个电话，嘱咐该宾馆订一束鲜花和一个果篮，写上她的名字，送到局长房间。然后又打电话给她的老总，说这个局长非常重要，在北京出差，请老总一定要想办法接待一下。

她马上预订了机票，中断其他工作，下了飞机就去这个宾馆找局长。等她到宾馆的时候，发现她的老总已经在跟局长喝咖啡了。

在聊天中得知局长有两天的休息时间，老总就请局长到公司参观，局长对公司的印象非常好。参观完之后大家一起吃晚饭，吃完晚饭她请局长看话剧《茶馆》。

为什么请局长看《茶馆》呢？因为她在拜访局长的时候问过办公室的工作人员，得知局长很喜欢看话剧。局长离开北京时，她把局长送到飞机场，对局长说：“我们谈得非常愉快，一周之后我们能不能到您那儿做技术交流？”局长很痛快地答应了这个要求。一周之后，她的公司老总带队到山东做了个技术交流。

老总后来对她说，局长很给“面子”，亲自将相关部门的有关人员都请来，一起参加了技术交流，在交流的过程中，大家都感到了局长的倾向性，所以这个订单很顺利地拿了下来。

A 公司的代表听后说：“你可真幸运，刚好局长到北京开会。”

李小姐掏出了一个小本子，说：“不是什么幸运，我的每个重要客户的行程都记在了上面。”打开一看，上面密密麻麻地记了很多名字、时间和航班，还包括他的爱好是什么，他的家乡是哪里，这一周在哪里，下一周去哪儿出差，等等。

在此案例中，中标方的销售代表只与客户接触了3次就成功谈下了2000万的订单，而竞争对手A公司花费了很大的人力、物力却未能如愿，原因就在于中标方的销售代表掌握了客户的关键决策人物——移动局局长的个人资料，并且根据这些资料采取了一系列主攻客户的谈判策略。

首先，打电话到局长下榻的酒店，请酒店送一束鲜花和一个果篮到局长的房间，并写上她的名字；

其次，打电话给本公司的老总，请老总亲自去接待一下客户；

再次，请局长参观自己的公司；

最后，请局长去看话剧《茶馆》。

这些行动都是源于客户的个人资料，且直接作用于客户的情感，获得了客户的好感，建立了比较密切的客户关系。最终，在一次老总亲自带队的大型的技术交流之后，李小姐的公司顺利地拿到了这个大单。

每个谈判人都具有感性思维，完全理性的人并不存在。从客户的感性角度出发，打动对方的感情，获得客户的好感，你就已经成功了一半。特别是在与大客户谈判的时候，之前对大客户的家庭状况、家乡、爱好、社会关系、个人发展等方面的资料有一个详细的了解，对于我们在谈判中展开一系列公关活动从而获得客户信任有很大的作用，有助于谈判的成功。

## 多同意客户的观点容易得到他们的好感

很多客户是偏重于理性思考的，这种人的好奇心非常强，喜欢收集各方面的信息，提出的问题也会比其他类型的购买者多。销售人员可以通过下面的一些方法来识别这种类型的客户。

如：他们最常说的话有："怎么样？""它的原理是什么？"

“怎么维修?”“通过什么方式给我送货啊?”甚至有时候他们会问:“你多大了?”“接待的顾客都是什么样的?”“你干这一行多长时间了?”等。

他们逻辑性强,好奇心重,遇事喜欢刨根问底,还愿意表达出自己的看法。作为一名谈判人员就要善于利用他们的这些特点,在销售过程中多同意他们的观点。

因为,对于这类客户,在谈话时,即使是他的一个小小的优点,如果能得到肯定,客户的内心也会很高兴的,同时对肯定他的人必然产生好感。因此,在谈话中,一定要用心地去找寻对方的价值,并加以积极地肯定和赞美,这是获得对方好感的一大绝招。

比如对方说:“我们现在确实比较忙。”你可以回答:“您坐在这样的领导位子上,肯定很辛苦。”

常用的表肯定的词语还有:“是的”“不错”“我赞同”“很好”“非常好”“很对”……

如:“是的,张经理您说得非常好!”“不错,我也有同感。”

在这个过程中切忌用“真的吗”“是吗”等一些表示怀疑的词语。

电话行销人员小刘上次电话拜访张经理向他推荐A产品,张经理只是说“考虑考虑”,就把他打发了。小刘是个不肯轻易放弃的人,在做了充分的准备之后,再一次打电话拜访张经理。

小刘:“张经理,您好!昨天我去了B公司,他们的A产品系统已经正常运行了,他们准备裁掉一些人以节省费用。”(引起与自己推销业务有关的话题。)

张经理:不瞒老弟说,我们公司去年就想上A产品系统了,可经过考察发现,很多企业上A产品系统钱花了不少,效果却不好。(客户主动提出对这件事的想法:正中下怀。)

小刘:“真是在商言商,张经理这话一点都不错,上马一个项目就得谨慎,大把的银子花出去,一定得见到效益才行。只有投入没有产出，傻瓜才会做那样的事情。不知张经理研究过没有，他们为什么失败了？”

张经理：“A系统也好，S系统也好，都只是一个提高效率的工具，如果这个工具太先进了，不适合自己企业使用，怎能不失败呢？”（了解到客户的问题。）

小刘：“精辟极了！其实就是这样，超前半步就是成功，您要是超前一步那就成先烈了，所以企业信息化绝对不能搞‘大跃进’。但是话又说回来了，如果给关公一挺机关枪，他的战斗力肯定会提高很多倍的，您说对不对？”（再一次强调A系统的好处，为下面推销做基础。）

……

小刘：“费用您不用担心，这种投入是逐渐追加的。您看这样好不好，您定一个时间，把各部门的负责人都请来，让我们的售前工程师给大家培训一下相关知识。这样您也可以了解一下你的部下都在想什么，做一个摸底，您看如何？”（提出下一步的解决方案。）

张经理：“就这么定了，周三下午两点，让你们的工程师过来吧。”

小刘虽然再次拜访张经理的目的还是推销他的A产品系统，但是他却从效益这一客户关心的话题开始谈起，一开始就吸引了张经理的注意力。在谈话过程中，小刘不断地对张经理的见解表示肯定和赞扬，认同他的感受，从心理上赢得了客户的好感。谈话虽然只进行到这里，但我们可以肯定地说小刘已经拿到了通行证，这张订单已尽收囊中。

所以，在同客户谈判时，最好先从你的产品如何帮助他们，对他们有哪些好处谈起，尽快引起他们的兴趣，但是也不要把所有的好处都亮出来。同时，在谈判中要善于运用他们的逻辑性与判断力强的优点，不断肯定他们，这样才会取得电话行销的良好效果。

# 第三章

# 破译：在心理战中看穿对方的真实意图

## 口舌之战 VS 心理之战

在谈判之中，双方为了各自公司的商业利益，展开口舌之战。每个人都步步为营，防止有所闪失。其实，这场口舌之战，更是心理之战。在这个时候，如果能够从他人身上的细微之处窥视人心，则可能收到事半功倍的效果。

**一、关注对方的眼部**

在谈判中，双方将最先开始目光接触。而眼睛因为具有反映人们内心深层心理的能力，所以能传达出更多真实的情绪。有经验的谈判者一般都会从见到对手的那一刻到握手达成交易时，都一直保持同对方的目光接触。

所以，对方的眼神应该是谈判者掌握的一个重要的信号。如果对方的眼睛突然睁大，那么可能是他想到了什么关键的事情；若是眼神茫然甚至恐惧，说明某个事件让他处于困难甚至危险的境地，或者是你的提议让他感到威胁；若是眼神兴奋，并放松，说明他对话题中的提议很感兴趣，或者说正合他意。

如果对方转开眼睛，不看你，只是听你说话，一种可能是他根本不想听，缺乏兴趣；另一种可能是他在隐瞒什么，不想直视你，或者是此人性格怯懦，不敢与人目光接触，缺乏自信。相反，如果他与你直直对视，且目光凶狠，说明他想威胁你，让你接受他的条件。

如果对方抬起下巴并垂下眼睛，说明他对你抱有蔑视的态度。若是低垂下巴两眼向上望，则可能是要有求于你。

如果对方不停地眨眼睛，则可能是对某事感兴趣，或者因为紧张腼腆而不自觉地做出的调整行为。但若是眼神飘忽不定，则要当心，他可能是想在谈判中给你设置陷阱。

**二、关注对方的表情**

谈判的时候，对方的表情将会是其内在心理变化的外在反映。一般，如果一个人神色紧张，面部肌肉紧绷，露出不自然的笑容时，说明他可能是情绪不安，想要借这样的笑容来调节一下情绪或者是因撒谎而使用的掩饰动作。

如果对方一脸笑容地听从意见，并表现出“非常满意”的姿态，并在嘴上说“一定考虑”等，他实际上是在敷衍你，让你放松警惕，然后再出奇招制胜。

如果对方面无表情，说明他内心正思绪波动，只是不想别人窥探而努力克制。而且他的表情越淡漠，说明他内心越不满，这样谈判将在谈论一件小事的时候很难继续进行。

如果对方表情十分自信，并且嘴角不自主地撇动，则是高傲、占据优势的表现，就像是在对你说：“你没有其他选择，只能同意我。”在这种情况下，若同意对方的条件，将十分不利。所以你可以用凝重的表情回应，挫挫他们的锐气。

## 他在想什么?“举手投足”传答案

坐到谈判桌前，个人举止将会同以往有很大不同。人们往往会借助一些手势来表达自己的意见，从而使效果更臻完美。作为谈判的一方，你应当学会趁机仔细观察对手，捕捉潜藏的信息，从而迅速得到自己想要的信息。

要做到这一点，通常要注意以下几点：

**一、对方的举止是否自然**

谈判中，如果对方动作生硬，则你要提高警惕，这很可能表示对方在谈判中为你设置了陷阱。同时，还要注意他的动作是否切合主题。如果对方在谈论一件小事的时候，就做出夸张的手势，动作多少有些矫揉造作，欺骗意味增加，则需要仔细辨别他们表达情绪的真伪，避免受到影响。

**二、对方的双手如何动作**

在谈判中，注意对方的上肢动作，可以恰当地分析出其心理活动。如果对方搓动手心或者手背，表明他处于谈判的逆境。这件事情令他感到棘手，甚至不知如何处理。如果对方做出握拳的动作，表示他向对方提出挑衅，尤其是将关节弄响，将会给对方带来无言的威胁。

如果在握手时发现对方手心在出汗，说明他感到紧张或者情绪激动。

如果对方用手拍打脑后部，多数是在表示他感觉到后悔，可能觉得某个决定让他很不满意。这样的人通常要求很高，待人苛刻。而若是拍打前额，则说明是忘记了什么重要的事情，而这类人通常是真诚率直的人。

如果对方双手紧紧握在一起，越握越紧，则表现了拘谨、焦虑的心理，或是一种消极、否定的态度。当某人在谈判中使用了该动作，则说明他已经产生了挫败感。因为紧握的双手仿佛是在寻找发泄的方式，体现的心理语言不是紧张就是沮丧。

**三、对方腿部和脚部如何动作**

从对方的腿部动作也能搜罗出一些信息：如果他张开双腿，表明对谈话的主题非常有自信；若是将一条腿跷起抖动，则说明他感觉到自己稳操胜券，即将做出最后的决定了。

如果对方的脚踝相互交叠，则说明他们在克制自己的情绪，可能有某些重要的让步在他们心中已形成，但他们仍犹豫不决。这时，不妨提出一些问题并进行探查，看是否能让他们将决定说出口。

如果对方摇动脚部或者用脚尖不停地点地，抖动腿部，这都说明他们不耐烦、焦躁，要摆脱某种紧张感。

如果对方身体前倾，脚尖踮起，表现出温和的态度，则说明对方具有合作的意愿，你提的条件他基本能接受。

## 交涉，注意他坦诚的嘴部

在商务交涉中，对手所说的话未必都是真实的，但他们的嘴部动作却很“坦诚”。因为，根据身体语言学家的观察，发现人们的嘴富有极强的表现力，它的动作常常能让谎言不攻自破，把人的心绪全面暴露出来。

**一、咬住的嘴唇**

谈判中，如果对方经常咬住自己的嘴唇，就是一种自我怀疑和缺乏自信的表现。因为在生活中，人们遇到挫折时容易咬住嘴唇，惩罚自己或感到内疚。若在谈判中用到，则说明对方已经开始认输，内心开始妥协退让了。

**二、抿着的嘴唇**

谈判中，如果看到对方抿着嘴唇，则表示他内心主意已定，是有备而来，绝对不会轻易让自己退让。如果他目光不与你接触，则说明内心有秘密，不能泄露，所以抿着嘴巴，怕自己泄露信息。

**三、嘴向上撅起**

这个动作说明对方对你提出的建议很不满，是表达异议的一种方式。因为小孩子在猜到父母哄骗自己时，就容易做出这样的动作。成年人在商务场合做出这种动作就像在说：哄小孩子呢，我可不满意。这时他们通常不会答应任何条件，而是等着对方调整策略。

**四、嘴不自觉地张开**

对方做出这样的动作，显示出倦怠或者疏懒的样子，则他可能对自己所处的环境厌倦、不肯定，抑或对讨论的话题还摸不着头绪，缺乏足够的自信来应付你。

谈判场如博弈场，关注对方的其他相关部位的变化，也能挖掘他们心中的秘密。

## 小动作，泄露他的下一步行动

谈判进入实质阶段后，双方都会主动提出一些条件与对方协商。通常这些条件并不能立刻达成意向性协议，这时，话题该怎样谈下去？下一个，又轮到谁提出新条件？

想知道答案吗？根据下列动作，你就能判断，哪一方要采取行动了。

**一、谈判时清嗓子**

谈判陷入僵局时，有的人会开始清嗓子，这就是说明对方要开始表达意见了。但为了掩饰自己的紧张和不安，会先清理喉咙，为发言做准备。但如果是在谈判中清嗓子，则是对某一方的警告，表达不满，无法接受对方提出的条件。

**二、谈判中五指伸开**

在谈判时，将手逐渐伸开，说明他现在的心情放松，正想要陈述观点，并可能会继续做出这个动作。伸开手指就是在释放压力，也是鼓励自己，就像小学生举手回答问题一样，赋予自己自信。

**三、谈判中身体前倾，嘴部微张**

坐在谈判桌前，双方都陷入沉默，这时，如果一方代表身体靠近桌面，嘴部微微张开，就表明他已经想好条件，想继续表达看法。若不是准备充分，就说明此人性情直率、冲动，求胜心切，常常成为谈判中的主动者。

**四、谈判中，双手轻轻抱拳，放在面前**

这样的动作说明此代表还在思考，并没有做出最终的决断。他们小心谨慎，计划性强，通常不会首先开口提出条件。他们总怕自己吃亏，不经过深思熟虑，不会轻易做出决定。

# 第五篇

# 公关心理学

# 第一章
# 打理好客户关系，从对方心理出发考虑问题

## 客户投诉，是对企业抱有期望

一些客户的“叛离”原因很简单，仅仅是因为我们没有处理好他们的投诉。

曾有一段时间，英国某一家航空公司发现乘坐该航空公司飞机的乘客越来越少。后经调查，发现乘客越来越少的原因主要是公司不能很好地处理乘客的抱怨。而客户的抱怨主要是因为英航公司有许多的规定没有让乘客知道，乘客在旅行过程中妨碍了乘务人员的工作，乘务人员就责怪乘客。

根据航空公司对客户做的调查，如果对客户的抱怨处理得当，67%的抱怨客户会再度搭乘该航空公司的班机。平均一个商务乘客，一生如果都搭乘该公司的航班，可创造约150万美元的营业额。照这么算，那么任何能改善客户服务的做法，都是最好的投资。所以，该公司针对客户的抱怨做了以下的补救措施：

第一，装设了录影房间，不满意的客户可以走进该房间，直接通过摄影机向航空公司总裁马歇尔本人抱怨。

第二，耗资679万美元，安装了一套电脑系统来研究客户的喜好。然后航空公司就针对客户的喜好选择理想的服务方式。

第三，设立品质服务专员。航空公司设定服务品质标准，由专门的服务人员监督和实行。品质服务专员的任务就是收集客户的抱怨、分析客户的抱怨、解决客户的抱怨。

经由以上措施，航空公司的客户满意度从45％提升到60％，空载率明显减少了。

其实，客户向我们提出投诉是对我们的信任，因为他们相信我们能够为他们解决问题，同时也是客户在给我们一个补救的机会。也就是说，如果我们此时能够用心地帮助他们排除困难，大多数客户最终还是会选择留下来。

那么，在处理客户投诉时我们究竟要注意哪些问题呢？简单地归纳为如下几点：

**一、客户投诉的跟踪**

无论是客户亲自来访投诉还是打电话投诉，处理时都必须做好记录，每一笔记录都必须跟进完毕。管理层每日必须查看客户投诉的记录，并对超过一天未能解决的问题予以关注。

**二、客户投诉每周总结**

每周对客户投诉进行总结，总结各类引起客户投诉的原因，列出赔偿金额。

**三、客户投诉日总结**

每日晨会或周会上固定分享客户服务方面的信息，特别是处理客户投诉方面的经验和教训，使所有的人员都知道如何对待客户的抱怨，并掌握处理客户投诉问题的技能。

**四、定期总结**

发掘在处理客户抱怨中出现的问题：对产品质量问题，应该及时通知生产方；对服务态度与技能问题，应该向管理部门提出，加强对职员的教育与培训。

**五、追踪调查客户对于抱怨处理的态度**

处理完客户的抱怨之后，应与客户积极地沟通，了解客户对于企业处理的态度和看法，增加客户对企业的忠诚度。

投诉问题的解决需要自上而下的配合与努力，而这个“疑难杂症”的解除必将使得客户的满意度、忠诚度提升。维护客户的忠诚是个细致且复杂的工作，需要多方面的努力，而处理好客户的投诉问题绝对是个重要的细节。投诉的问题解决了，别的大众也会支持我们的企业，从而提高信誉度。

## 找到技巧，平息投诉者的怒火

销售人员在发现客户投诉时，应认真分析客户抱怨的原因：是产品质量问题，还是服务跟不上？回想一下你最近一次接到过的怒气冲天的电话，或者你给这样的人打电话时的情景。他对你发火了吗？是你不走运偶然接了这么个电话？对方发火可能不是针对你个人，也不是针对公司，只是某种外因引发了他的怒火。打电话者有时会迁怒于你，因此你需要学习一些平息对方愤怒的有效方法。

下面的几个技巧可以让你控制自己，掌握局面。

**一、让他发泄，表明你的理解**

平息消费者的愤怒情绪，最快的方法是让他把气“撒出来”。不要打断他，让他讲，让他把胸中的怒气发泄出来。记住，一个巴掌拍不响。如果你对细节表示不同看法，那么就会引起争吵。

然后对客户所经历的事情进行道歉和承认。一句简单的道歉话，丢不了什么面子，但这是留住客户的第一步。自我道歉语言要比机械式的标准道歉语更有效。学会倾听，生气的客户经常会寻找一位对其遭遇表示出真实情感的好听众。

你耐心地倾听，并且向他表明你听明白了，这会给对方留下好的印象，那你就容易让他平静下来，不过只有在他觉得你已经听清了他的委屈之后，他才可能平静下来。所以等他不说了，你要反馈给对方，表明你已经听清了他说的话。你不必非得附和对方，或者一定要支持对方的牢骚，只要总结一下就行。

**二、向客户询问有关事件的经过，弄清客户想得到什么结果**

不与客户产生大的冲突，力求保持关系，常见的不满如产品质量、送货不及时、不遵守合同、产品款式不满意、价格不合理、售后服务不到位等，形式千变万化。了解客户投诉的内容后，要判定客户投诉的理由是否充分，投诉要求是否合理。如果投诉不能成立，可以用婉转的方式答复客户，取得客户的谅解，消除误会。

**三、做出职业性回答**

记住，关键是不要以个人情感对待顾客的怒气，而要从职业的角度处理这种问题。要承认消费者的忧虑也许合情合理。他们或许对问题的反应过于激烈，不过不要让对方的举动影响你客观地评价问题与理性地解决问题。例如，你可以这样说：

“琼斯先生，我们对我们的疏忽大意表示道歉。”当你或公司有错时才道歉。

“我们会尽我们所能为您排忧解难。”这并不是强迫你按对方要求的去做。

“谢谢您让我们注意到了这个问题。我们之所以能够改进服务，正是靠了您这样的顾客的指正帮助。”

**四、对投诉的事件进行归纳和总结，并得到投诉客户的确认**

对投诉处理过程进行总结，吸取经验教训，提高客户服务质量和服务水平，降低投诉率。告诉客户其意见对我们的企业很重要，不妨留下客户的联系方式，再寄上一封感谢信，这样的成本付出最多不过几十元，却能够在一定的区域内获得良好的口碑宣传。

这种暴跳如雷的客户，也许是由于性格使然，很难与别人融合在一起。但是作为一名销售员，每时每刻都有可能面临这样的客户投诉。但是不管是什么原因造成的这种情况，与客户争吵总是一件不对的事情。与客户争吵的结果可能使销售人员心里很舒畅，但却从此失去了一个客户，同时，也失去了未来人际关系中很重要的一部分。仔细想想，其实得不偿失。

从对销售员的研究来看，销售员普遍应该锻炼和提高的是耐心。销售员在销售和服务的过程当中，有时候需要回答客户所提出来的各种问题。当问题增多的时候，有不少销售员会变得缺乏耐心，言语之中自觉不自觉地流露出不耐烦的情绪。例如，有些销售员可能这样说："我不是都已经告诉过你了吗，你怎么还……"而这种不自觉的不耐烦，所造成的结果是，要么使客户的不满情绪扩大，要么使客户马上挂掉电话转而奔向公司的竞争对手。尤其在面对那些脾气暴躁的投诉者时，更应该有耐心。

## 表示歉意后再解释，用真诚化解顾客的敌意

当你接到这样的抱怨声，该如何解决：

"您的电话怎么那么难打？我打了很长时间才打进来。"

"我凭什么要告诉你我如何使用？我只想问你们该怎么办。"

"你们是怎么服务的？你说过要打电话给我，但从来没有打过。"

要让"对不起"真正发挥作用，就要告诉顾客：企业在管理方面还不到位，请包涵。你有什么事可以直接找我，只要能做到，我一定尽力。我们是朋友，凡事都好商量。顺便说一下，恳请他们再次惠顾也是个好办法。

很多时候，客户抱怨其实是因为客户对公司、产品或是对你有所误会。因此你必须向客户说明原委，化解误会。但是需要注意的是，这样的说明切勿太早出现，因为大部分的客户是很难在一开始就接受你的解释的，所以"化解误会"必须放在认同、道歉之后再做。

另一方面，"化解误会"可以避免客户得寸进尺，或是误以为你的公司或是你真的很差。假如误会没有解决，客户对你或公司可能会失去信心，进而取消订单，抵消了你前面的所有努力，这是非常可惜的！

一般来说，误解是由于客户对公司不了解，本来公司可以做到的，客户却认为公司做不到。他们会说："你们没有办法帮

我送货上门。”“你们没有金属外壳的笔记本电脑。”

而面对这种不满的客户，唯有诚心诚意全力补救才能化解彼此之间的敌意。

对于这样的客户，如果让他们觉得“这个公司很不诚实”“我感觉不到他们的诚意及热忱”那就完了。所谓“完了”就是指自此以后不用再交涉了，因为结果多半是通过法律途径解决纠纷。许多原告正是因为“感觉不到对方的诚意”而不再期望有什么交涉结果。

然而，“诚意”说来简单，做起来就不那么容易了，它要求你不但要有超强的意志，还要不惜牺牲自身的利益，总之，竭尽所能，去重新争取客户的信任与好感。

有一点必须注意，企业在处理客户抱怨方面的工作时必须落到实处，一味标榜是极伤害客户情绪的，比如：

当一家公司不无骄傲地向人们宣布他们为客户设计的热线电话咨询、求助、投诉专线是多么快速和热情后，许多客户受到媒体宣传的影响和一些口碑的鼓励，决定亲身来体验这一切，电话里却意外地出现一遍又一遍的“话务员正忙，请稍候”的声音，然后就是一阵又一阵单调的音乐；或者刚刚接通电话还没有说完，就意外断线了，然后费了半天劲也没法拨通而对方也未打回电话。

这也正如当你到一家连锁店购买了一些日用品，却意外地发现了一些日用品的质量问题，然后当你得知这家连锁店有很宽松的退货处理时，你是怀着很兴奋的心情去的，结果在退货处理柜台前，却发现处理退货的人员都板着一张脸，好像对消费者的退货行为极度厌恶，而且在处理过程中，间或去管一下其他的事情。更令你气愤的是，他们对其他不是办理退货的人一脸微笑，转过头面对你时，却是“横眉冷对千夫指”的做派。这时的你愤怒自不必说，对企业的信任也将被破坏无疑。

如果目的只是要解决顾客的投诉，那么可以就事论事地解决问题，这种方式也许奏效。但如果想让难缠的顾客成为伙伴，就必须用真诚表现出人情化的一面。

请记住：无论什么时候，只有真诚才能化解误会，平息客户的抱怨与不满。当你献出真诚时，必定能让事情圆满解决。

## 用合作的态度避免争执

销售员："您好，我想同您商量一下有关您昨天打电话说的那张矫形床的事。您认为那张床有什么问题吗？"

客户："我觉得这种床太硬。"

销售员："您觉得这床太硬吗？"

客户："是的，我并不要求它是张弹簧垫，但它实在太硬了。"

销售员："我还没弄明白。您不是原来跟我讲您的背部目前需要有东西支撑吗？"

客户："对，不过我担心床如果太硬，对我的病情所造成的危害将不亚于软床。"

销售员："可是您开始不是认为这床很适合您吗？怎么过了一天就不适合了呢？"

客户："我不太喜欢，从各个方面都觉得不太适合。"

销售员："可是您的病很需要这种床配合治疗。"

客户："我有治疗医生，这你不用操心。"

销售员："我觉得您需要我们的矫形顾问医生的指导。"

客户："我不需要，你明白吗？"

销售员："你这个人怎么……"

从上面的例子中可以看出，这位销售员在解决客户的投诉时，首先要面对的肯定是客户的病情与那张矫形床的关系，说话稍有不慎就可能触动客户的伤疤，让他不愉快，那么即使他非常需要这张床也不会愿意对你做出让步。客户提出投诉，意味着他需要更多的信息。销售员一旦与客户发生争执，拿出各种各样的理由来压服客户时，即使在争论中取胜，也将彻底失去这位客户。

为了使推销有效益，你必须尽力克制情绪，要具备忍耐力，要不惜任何代价避免发生争执。不管争执的结果是输是赢，一旦发生，双方交谈的注意力就会转移，而客户由于与你发生争执而变得异常冲动，是不可能有心情与你谈生意的。争执会带来心理上的障碍，而且必然会使你无法达到自己的目的。

所以，当客户对你的产品或服务提起投诉，并表示出异议时，你千万不能直截了当地反驳客户。假如你很清楚客户在电话上讲的某些话是不真实的，就应采用转折法。首先，你要同意对方的观点，因为反驳会令对方存有戒心。然后，你要以一种合作的态度来阐明你的观点。

客户："我们已决定不购买这种机器了。由于政府已禁止进口，所以这种机器的零件不会太好配。"

销售员："噢，是这样，我明白了。但您是否敢肯定您的信息准确呢？我想请问一下，关于禁止进口的消息您是从哪里听到的？"

销售员心里明白政府仅仅只是采取强制手段限制某些产品进口，他对这点很有把握，因为了解所有对贸易有影响的法令是销售员所必须做的，而客户讲的话很容易站不住脚。但假如销售员告诉客户说，他的话是毫无根据、胡编乱造的，就会冒犯客户。

如果客户因为不放心产品或服务而说了几句，行销人员就还以一大堆反驳的话，这样一来，不仅因为打断了客户的讲话而使客户感到生气，而且在争执的时候还会向对方透露出许多情报。当客户掌握了这些信息后，行销人员就会处于不利的地位，客户便会想出更多退货或要求赔偿的理由，结果当然是会给公司和行销人员本人带来很大的损失。因此，销售员要用合作的态度避免争执，寻找解决之道，切不可以"针尖对麦芒"，弄得一发不可收拾。

# 第二章
# 事件公关：利用公众心理效应巧打广告

## 事件营销：吸引顾客好奇心的拳头武器

荷兰一家商场对部分商品实施了一次另类拍卖。拍卖的最初价格，被标在宛如大钟的表盘上，盘面上的数字代表商品的价格。商家首先制定一个较高的起拍价，然后价格指针有规律地向较低的方向移动，直到有一名买者按下按钮，停止大钟的转动。这名买者就竞投到了这件商品。

这是一则听起来很有趣的促销事件。原本从低喊到高的商品价格反其道而行之地变成了从高价向低价进行拍卖，拍卖的形式也可谓噱头十足，一个奇异的大表盘立在商场门口，已足以吸引路过的顾客。

事实也证明，这家商场的促销策略不仅有趣，而且十分成功，原本积压的清仓商品都以不低的价格售出。更重要的是，该商场通过举行这次另类的拍卖而声名大振，成为趣谈，街闻巷议口口相传，前来观看和竞投的顾客众多，顺便买些商场中的其他商品；另一方面，媒体也将这一特别的促销活动作为新闻而登上版面，也为该商场做了免费宣传。

这就是事件营销的魅力。

事件营销就是通过制造具有话题性、新闻性的事件引发公众的注意，使得我们的产品可以在同质化泛滥的产品信息中脱颖而出，走入消费者的视线，因而获得被购买的可能。

事件营销是近年来国内外十分流行的一种公关传播与市场

推广手段，集新闻效应、广告效应、公共关系、形象传播、客户关系于一体。

听起来，事件营销似乎主要是由某企业管理层人员通过周详的计划与决策实施的公关活动，实际上，作为产品销售过程中重要一环的销售员，也可以充分将“事件营销”应用到我们的销售中。

我们所销售的产品如果能刺激到消费者的“好奇心”，那么，就赢得了销售的第一步。只要我们的产品信息引发了顾客的兴趣，如对产品的广告代言人，或是所推行的新理念、新功能产生兴趣并愿意了解和关注，那么，他们就可能成为潜在的购买者。

因此，销售员在销售过程中，可以通过有意地制造“事件”，给原本并不打眼的商品带来“商机”。

很多外国的啤酒商都发现，要想打开比利时首都布鲁塞尔的市场非常难。于是就有人向畅销比利时国内的某名牌酒厂取经。

这家叫“哈罗”的啤酒厂位于布鲁塞尔东郊，无论是厂房建筑还是车间生产设备都没有很特别的地方。但该厂的销售总监林达却是轰动欧洲的销售策划人员，由他策划的啤酒文化节曾经在欧洲多个国家盛行。

林达刚到这个厂时不过是个不满25岁的小伙子，那时的哈罗啤酒厂正一年一年地减产，因为销售不景气而没有钱在电视或者报纸上做广告。做推销员的林达多次建议厂长到电视台做一次演讲或者广告，都被厂长拒绝了。林达决定自己想办法打开销售局面，正当他为怎样去做一个最省钱的广告而发愁时，他来到了布鲁塞尔市中心的于连广场。这天正好是感恩节，虽然已是深夜了，但广场上还有很多欢快的人，广场中心撒尿的男孩铜像就是因挽救城市而闻名于世的小英雄于连。当然，铜像撒出的“尿”是自来水。广场上一群调皮的孩子用自己喝空的矿泉水瓶子去接铜像里“尿”出的自来水来泼洒对方。他们的调皮启发了林达的灵感。

第二天，路过广场的人们发现于连的“尿”变成了色泽金黄、泡沫泛起的“哈罗”啤酒。铜像旁边的大广告牌子上写着“哈罗啤酒免费品尝”的字样。一传十，十传百，全市老百姓都从家里拿起自己的瓶子、杯子排成长队去接啤酒喝。电视台、报纸、广播电台也争相报道，“哈罗”啤酒该年度的啤酒销售量增长了 1.8 倍，林达也成了闻名布鲁塞尔的销售专家。

在这一例子中，销售员林达正是通过巧妙地借助小英雄于连在比利时人民心目中的影响力，为哈罗啤酒找到了吸引大众眼球的有利时机，从而成功打开了销路。

聪明的销售员都知道，一个好的事件营销产生的效果远远胜过花几百万制作的广告效果。因此，肯动脑筋的销售员都乐此不疲地在销售中营造卖点，吸引顾客的好奇心。手机卖场中的“摔手机”营销，对消费者声称“该手机质量过硬，摔坏者奖励××元”，也是通过制造有卖点的事件，吸引消费者眼球；还有汽车市场的体验驾车、家电家具卖场中的演示营销，等等，各式各样的新招奇招都可以在销售过程中广泛运用，为你的销售量带来长足增长。

## 饥饿营销：故意制造供不应求的假象

2009 年 10 月，微软 Windows7 正式在北京发布。Windows7 家庭普通版预售价仅为 399 元，这也是微软历来在华销售售价最低的 Windows 操作系统。在铺天盖地的宣传攻势之后，微软 Windows7 在中国迅速热销。不过，仅仅上市两天后，Windows7 就出现了“一货难求”的情况，有钱也买不到。

“我们遭遇了传说中的‘饥饿营销’。”在各 IT 论坛上，热盼 Windows7 的消费者发泄着自己的无奈。相对于 Windows7 上市之前长达5个月的宣传攻势，正式上市之后却难觅踪迹，这一现象让消费者很难理解。

微软在接受媒体采访时，对“饥饿营销”的说法不置可否。相关负责人表示，正和众多合作伙伴密切协作，加大供货力度，确保用户在第一时间购买和体验到Windows7。微软还表态称，对于准备购买新电脑的客户，购买预装正版Windows7操作系统的电脑将是最经济实惠的。

微软Windows7有意调低供货量，以期达到调控供求关系、制造供不应求“假象”、维持商品较高售价和利润率的目的。此前，诺基亚对N97就采用在电视、网站、户外广告牌进行大量的轮番广告轰炸，但却严格控制发货数量，给人造成产品供不应求假象的销售策略，从而让这款产品一度成为顶级手机的销量冠军。

饥饿营销起源于一个传说：古代有一位国王吃尽了天下山珍海味，从来不知道什么是饥饿。所以他变得越来越没有食欲，每天都很郁闷。某一天，他外出打猎迷路了。饿了几天之后终于在森林里遇到了一户人家。那家人把家里唯一的一点野菜和馒头煮在一起做了一顿乱炖，国王二话不说，就把锅里的菜全部吃光，并将其封为“天下第一美味”，还把那个山民当成大厨带回宫里。然而，等国王回到王宫饱食终日之后，那个山民再给他做菜时他就再也不觉得好吃了。这一常识已被聪明的商家广泛地运用于商品或服务的商业推广。

这种饥饿营销不仅仅是大的商家在用，一些聪明的店主也用这种方式极大地促进了商品的销售。比如，在地安门十字路口有一家京城极负盛名的干果店，店里的炒栗子是店主陈红村通过探究民间炒板栗的秘方，精选颗粒最为饱满的怀柔油栗，用特殊的糖和沙子炒制而成。板栗飘香引来了无数的吃客。在这家面积不到40平方米的小店，顾客们每次起码要排半小时的队才能买到炒栗子。过节时一天就能卖出2000多斤糖炒栗子，光靠栗子、瓜子等一些干果竟然一年能卖出五六百万元。

为此，有吃客在网上发表了其总结出的生意经。他认为，这家店之所以出名，不仅仅是因为板栗大王炒的栗子好吃，更重要的原因是这里的栗子要排队才能买到。光是这个，在商品极度丰富的市场上，就已经很是难得。另外，排队的时候，顾客可以从玻璃窗外看到在一个单间里，员工正在将坏的栗子从大麻袋中一个个挑出来，这是一个可以亲眼看到的“质量控制”流程，想必印象很深。一锅炒的栗子大概 20 来斤，没办法大规模生产来保证供应，这是典型的市场“饥饿”策略。供应不够，需求旺盛，就得排队，越排队越觉得值。排队过程很枯燥，他们除卖糖炒栗子之外，还卖炒瓜子，这个可以轻易买到。排队时很多人买瓜子嗑，炒瓜子便成了衍生产品，销量不比栗子少，业务自然生长，完成了多元化。排半个小时甚至一个小时的队，你肯定烦了。轮到你买，原本买 2 斤的，买了 4 斤，原本买 5 斤的，买了 10 斤。因为顾客不愿意吃亏，排了老长的队，买少了总是觉得亏。前面的买得越多，后面的队排得越长。

从微软 Windows7 和干果店这两个案例中我们可以发现，饥饿营销的操作其实很简单，即先用令人惊喜的质量和价格，把潜在消费者吸引过来，然后限制供货量，造成供不应求的热销假象，吸引更多源源不断的消费者。但是我们不能忽视的是，饥饿营销运行的始末始终贯穿着“品牌”这个因素，即饥饿营销的成功运用必须依靠产品强势的品牌号召力。无论是微软 Windows7 还是京城那家干果店，他们在实行饥饿营销的时候，都已经有了自己的品牌。而正是由于有“品牌”这个内在因素，饥饿营销就成了一把双刃剑。剑用好了，可以使原本强势的品牌产生更大的影响力，赚取超乎想象的利润；如果用不好的话，将会给产品的品牌造成伤害，从而降低附加值。

## 利用新闻进行有效的公关造势

“新闻造势”是公关中常用的手段，它不是无中生有地编造新闻，也不是不负责任地欺骗公众，而是善于利用一些偶然事件和突发事件，在一般人视为平凡的小事中挖掘出新闻价值点，吸引新闻媒介广为传播、连续报道。

美国联合碳化物公司一幢52层高的、新造的总部大楼竣工了，一大群鸽子竟全部飞进了一个房间，并把这个房间当作它们的栖息之处。不多久，鸽子粪、羽毛就把这个房间弄得很脏。

有管理人员建议将这个房间所有的窗子打开，把这群鸽子赶走。事情传到公司的公关顾问那里，公关顾问却不同意这样做。在公关顾问的眼里，这群鸽子无疑是非常好的公关角色。

公关顾问认为，举行一次记者招待会、设计一次专题性活动、散发介绍性的小册子等，都可以把总部大楼竣工的信息传播给公众，都是不错的公关方法，但却过于常规。最佳的方法应做到使公众产生浓厚的兴趣，以至迫切想听、想看。于是，公关顾问下令关闭该房间的所有门窗，不让一只鸽子飞走。接着，他设计并导演了一场妙趣横生的“制造新闻”活动。

首先，这位公关顾问别出心裁地用电话与动物保护委员会联系，告诉他们这里发生的事情，并且说，为了不伤害这些鸽子，使它们更好地栖息，请动物保护委员会能迅速派人前来处理这件有关保护动物的“大事”。动物保护委员会接到电话后十分重视，答应立即派人前往新落成的总部大楼处理此事，他们还郑重其事地带着网兜，因为要保护鸽子，必须小心翼翼地一只一只捉。

公关顾问紧接着就给新闻界打电话，不仅告诉他们一个很有新闻价值的一大群鸽子飞进大楼的奇景，而且还告诉他们在联合碳化物公司总部大楼将发生一件既有趣而又有意义的动物保护委员会来捕捉鸽子的“事件”。这条颇有新闻价值的新闻引得电视台、广播电台、报社等新闻传播媒介纷纷派出记者跟进现场采访和报道。

在各大媒体的聚焦下，动物保护委员会捕捉鸽子时也十分认真、仔细。他们从捕捉第一只鸽子起，到最后一只鸽子落网，前后共花了三天的时间。在这三天中，各新闻媒介对捕捉鸽子的行动进行了连续报道，使社会公众对此新闻产生了浓厚的兴趣。各媒体消息、特写、专访、评论等报道方式交替使用，既形象又生动，吸引了广大读者的关注。

漫天的新闻报道把公众的注意力全吸引到联合碳化物公司上来，吸引到公司刚竣工的总部大楼上来，自然，联合碳化物公司总部大楼名声大振，而且公司高层充分利用在荧屏上亮相的机会，向公众介绍了公司的宗旨和情况，加深和扩大了公众对公司的了解，从而大大提高了公司的知名度和美誉度，也借此机会将联合碳化物公司总部大楼竣工的消息巧妙地、顺利地告诉给社会，让公众全盘地接受了这一消息。通过“制造新闻”，终于事半功倍地完成了向公众发布此消息的任务。

联合碳化物公司的公关顾问将一个小事件营造成大新闻，不仅不费分文就把鸽子赶走了，还把公司及其新建的大楼美美地宣传了一番。从制造捕鸽新闻，到传递并渲染新闻，足足闹腾了三天的时间，把公众的注意力深深吸引住了，自然也使得公司知名度大大提升。

企业公关造势通常通过报刊、电台、电视、会议、信函、支持公益事业等方式，使得企业品牌得到传播。良好的企业声誉能转化为产品的声誉，从而有利于促进产品的销售。一般来说，企业采用公关造势时主要考虑到公关具有以下优势：

(1) 新闻价值高。公关活动的报道者都具有一定的新闻水平，可以在社会上引起良好的反响，并产生一定的销售潜力。企业在进行公关活动时，常会邀请记者、专家或政府人员出席，和他们建立良好关系，并通过他们来介绍企业和产品的状况，公布企业对国家、社会和广大消费者所做出的贡献等。

（2）信誉度高。新闻报道通常是通过第三方对企业进行宣传，可以在社会上引起良好的反响。公关通常是同有关社会团体建立联系，并提供有关咨询服务，通过这些社会团体的宣传报道，使社会公众对企业和产品产生良好的印象。

（3）改进促销质量。良好的公共关系能够鼓励和支持推销人员和经销商开拓市场，增加销售时的信心和勇气。企业通过培训专职公共关系人员，及时处理消费者和用户的信函和访问，而且尽力解决他们提出的不同问题，能最大限度地弥补企业在规模或市场知名度方面的不足。

（4）减少资金投入。开展公共关系活动要支付一定的费用，但比起其他的宣传方式，费用要低得多。由于公共关系是通过第三方在传播媒体上发表企业产品的消息报道，与广告和推销相比的明显优势是节省开支。因此，公共关系在对企业营销机会的洞察、营销方式的组合等方面，往往能够收到奇效。

## 故意引发争论，在公众激烈的探讨中深入人心

2000年4月24日，在全国饮用水市场排行第三的“农夫山泉”突然向媒体宣布，经实验证明，纯净水对健康无益，“农夫山泉”从此不再生产纯净水，而只生产天然水。

“农夫山泉”的根据是：纯净水纯净得连微量元素都没有了，而微量元素是人体健康必不可少的。

此言一出，就好像一颗石子投进水里，立即掀起了阵阵波澜。众多纯净水生产厂家纷纷站出来指责“农夫山泉”的说法是“诋毁纯净水”的“不正当竞争行为”，违反了《不正当竞争法》。5月19日，广西53家纯净水生产厂家代表汇聚北海，众口一词地谴责“农夫山泉”；5月30日，广东省瓶装饮用水专业协会在广州举行“安全卫生饮用水保健康”的专题座谈会，邀请有关专家和广东近20家饮用水生产厂家的负责人参加。说是

座谈会，但会议更像是一次声讨大会，与会人士的发言都是针对“农夫山泉”的，且颇带有“檄文”的色彩。

国内最大的饮用水供应商“娃哈哈”老总宗庆后也愤然质询“天然水”到底是什么；已坐上水市场老二位置的“乐百氏”的总裁何伯权也发表了一番激越的言辞，称“农夫山泉”的做法是一种非常不负责任的表现。

面对全国同行的同声反对，“农夫山泉”不仅未有所收敛，反而变本加厉。不久，它又推出用意更明显的广告：一群小学生在做实验，分别用纯净水和天然水来养水仙花。几天后，用天然水养出的水仙花长得更茁壮。最后，实验得出了这样的结论：天然水好于纯净水。

“农夫山泉”还在全国范围内举行活动，召集全国小学生参加一项比较实验：将金鱼、大蒜分别放入纯净水与天然水中，然后观察其存活和发育状况；分别用这两种水泡茶，观察 24 小时茶色的变化。

“农夫山泉”宣称，此举是为了发动一场饮用水革命，引发人们对科学饮水的探讨。它相信，在进行了这场争论之后，饮用水行业必然出现一种新的平衡，而这种平衡将推动该行业向更加有利于消费者健康的方向发展。

面对着这一场突然发自“水”面的波澜，新闻媒体自然是不遗余力地争相报道。在报道中，同样加进了一些渲染的成分。很快，事情就演变成一场纯净水和天然水之间的大战。

事实上，从 1999 年开始，“农夫山泉”的传播主题就渐次地从“农夫山泉有点甜”转化为“好水唱出健康来”，强调水源、水质概念，主诉点强调——千岛湖的天然矿泉水。千岛湖，是华东一个著名的山水旅游风景区，水域面积 573 平方公里，平均水深 34 米，透明度可达 7 米，属国家一级水体，不经任何处理即可达饮用水标准，具有极高的公众认同度；而农夫山泉是选取千岛湖水面下 70 米无污染活性水为原料，经先进工艺进行净化而成。这是农夫山泉的最大资源优势。

其实，农夫山泉只是宣布自己停止生产纯净水，但潜台词却是请其他厂商也停止生产纯净水，乃至整个行业都停止生产纯净水。“农夫山泉”的炒作，对于生产纯净水的厂家来说，打击是非常致命的。如果纯净水厂家与农夫山泉较劲，那么正中农夫山泉下怀。因为农夫山泉在广告中并没有特指是哪一家纯净水品牌，而是针对纯净水。这样的话让人很难抓住把柄，即使被告上法庭，输了官司，“农夫山泉”也高兴，因为将有更多的人知道它的产品含有微量元素而不同于普通的纯净水。反之，如果纯净水厂商不理会农夫山泉，甘拜下风，去开发天然水或是别的水，“农夫山泉”也早已抢先一步站稳脚跟。农夫山泉这一招实在是高。

在“2000 年维护纯净水健康发展研讨会”的会后，众纯净水厂家发表了联合声明，集体声讨农夫山泉的不正当竞争行为，并准备请求有关部门检测“农夫山泉”的水源水质，严惩“农夫山泉”的不正当竞争行为，制止“农夫山泉”违法生产瓶装水。

针锋相对地，农夫山泉方面对纯净水厂家的联合声明作出迅速反应，在当地报纸上刊登广告，称将于当日晚 8 时半召开记者招待会，广邀正在杭州采访以上事件的全国各地新闻媒体记者，农夫山泉有关负责人将在会上阐述某些事宜。与此同时，有关法律专家也耐不住寂寞，从法律角度分析农夫山泉的做法，事情越闹越大。

这正是农夫山泉想要达到的效果，因为农夫山泉发动的这场“水战”本身就是一场没有结论的命题，大家反应越激烈，言辞、举动越过火，新闻跟踪报道的力度越大，“农夫山泉”就越得意。为了防止众厂家装聋作哑、不理会农夫山泉的这个茬儿，农夫山泉还不遗余力地去故意挑逗各个纯净水厂家，让他们表态反对，以把这个事件持续的时间尽管拖长。时间拖得越长，对于“农夫山泉”而言，就越有利。为了把事件扩大化，“农夫山泉”甚至还致函全国食品标准化委员会，限其 7 日内对有关天然水的问题给予答复，否则要“自动进入法律程序”。一时之间，其被标委会斥为“嚣张、狂妄”的评价也成了新闻。而“农夫山泉”却在消费者心中树立起为民请命的斗士形象。

在这场非常具有争议性的炒作中，农夫山泉没有花一分钱的广告费，就使得农夫山泉的水源概念和天然水的品质得到广泛宣扬，取得了非同一般的营销效果。

# 第三章
# 品牌公关：发挥“俘获”顾客的无形感召力

## 细分品牌价值链才能抓住消费者的眼神

市场上同类产品那么多，如何在激烈的角逐中找到属于我们自己的一席之地呢？这要求我们要学会把市场细分。

如今的客户面对的不是一两件商品，而是琳琅满目的商品，常常让人感觉挑花了眼。同类产品如此之多，我们究竟该如何吸引客户的眼球呢？

这个棘手的问题大概是令许多企业特别头痛的，尤其是对于产品研发、设计人员来讲。比如一位客户想买一台数码相机，面对那么多的品种，怎样才能让他挑中你的呢？

宝洁公司在进入中国市场之前，通过市场研究，针对性地了解到中国洗涤用品的市场状况，包括品牌种类、售价、市场占有率以及销售额，同时又通过大量的问卷调查仔细研究了中国人的头发特点、洗发习惯、购买习惯等情况，发现洗发水市场上高档、高质、高价的洗发用品是个空白，于是研制出适合中国人发质的配方，推出新品“海飞丝”，迅速占领了这一市场空白，并成功地成为中国洗发水市场上的领导品牌。

市场细分的概念是由美国市场学家温德尔·史密斯于20世纪50年代中期提出来的。当时美国的市场趋势是买方已经占据了统治地位，满足消费者越来越多样化的需求，已经成为企业生产经营的出发点。为了满足不同消费者的需求，在激烈的市场竞争中获胜，就必须进行市场细分。这个概念的提出很快受到学术界的重视并在企业中被广泛运用，目前已成为现代营销学的重要概念之一。

由上面宝洁公司的例子，可以看出企业通过市场调查研究进行市场细分，就可以了解到各个不同的消费群体的需求情况和目前被满足的情况，在被满足水平较低的市场部分，就可能存在较好的市场机会。

如今的企业都在喊利润越来越小，生意越来越难做。但是我们如果能从那么多相似的产品中，找到一块尚未被他人涉足的空白，那么我们的产品将很有可能占领这一块制高点。

这就好比当初手机品种多得令人眼花缭乱，但如果你的是带广播或摄像头、MP3等功能的，一定可以吸引到不少年轻、时尚的消费者。但如今已经没有哪个手机品牌不具备这些功能，那么就需要我们更进一步，利用技术上的革新来彰显我们产品的独特个性。

“海尔”在这方面就先人一步，其做法值得各大企业借鉴。海尔的研究人员发现夏天的衣服少、洗得勤，传统的洗衣机利用率太低，于是推出小容量的“小小神童”，大受市场欢迎；他们还发现有些地区的农民用洗衣机来洗地瓜，排水道容易堵塞，于是又生产出既能洗衣服，又能洗地瓜的“大地瓜”洗衣机，满足了这一细分市场的需求，迅速占领了当地的农村市场；海尔还对家用空调市场进行调查，发现随着住宅面积的不断增加，壁挂空调和柜机已不能满足所有居室的降温，于是提出“家用中央空调”的概念，开发出新产品，获得了良好的回报。

当然，需要注意的是，细分目标市场不是随心所欲地划分，而是需要先进行严格、周密的市场调研。

## 产品精神是最不为人知的武器

郎咸平教授去潮州做演讲的时候，看到路边挂着很多陶瓷之都的广告，就问来听他演讲的陶瓷企业家：“你们这个陶器、瓷器怎么样？”众企业家都说自己的产品做得非常精美，非常精致，有仿古等很多风格。但是当郎咸平问他们潮州瓷器的灵魂在哪里，为什么别人会喜欢，为什么别人应该购买的时候，却无非是漂亮、仿古、功能等郎教授意料中最不满意的答案。

为此，郎教授十分沉重地说：“中国的产品到现在为止，还停留在两个最基础的阶段。我想用金字塔来做个说明，一个三层的金字塔，最底层就是你们所看得见的瓷器跟陶瓷，中间的一层呢，是它的功能，比如说陶器、瓷器特别美观、仿古、好看、功能齐全。我们中国企业家最大的问题就是只在最底层的外观以及中间那一层的功能上面下功夫，也就是说大家都只是在产品的外观以及功能方面寻求差异化。这个不是品牌战略。那么到底什么是品牌战略？你就一定要走到最高的那一层，最高的那一层叫作产品精神。只有走到精神这一层，才能真正做到品牌战略，你们今天喊的口号容易——用品牌战略。我告诉你，任何一个著名的品牌，它都有精神在后面支撑着，没有精神支撑着的就不叫品牌，这样的企业永远使用不了品牌战略！”

产品精神，的确是我国大多数企业所没有想到的。想到的企业，也是做得非常优秀的企业。比如谭木匠，只是一个卖梳子的企业，可是它的企业盈利却并不少。一把最小最便宜的梳子，街边小摊上也就两三元钱，它要二三十元，不讲价，可生意却依然红火。这是为什么呢？其实，如果我们走进谭木匠的专卖店，就会知道那是跟地摊完全不一样的感觉，你会莫名地被它那种木头文化的精神所吸引，莫名地觉得踏实和实在，有信赖的感觉，舍得多出钱来买一个品质好的梳子。

事实上，自从20世纪60年代塑料梳子兴起之后，传统的木梳厂就逐渐走向了没落。但是随着人们生活水平的提高和保健意识的增强，天然的木梳因为大自然所赋予的保健、防静电等功能逐渐变成人们的首选。而几千年源远流长的木梳文化，也使得精致的木梳能够细致地体现出使用者的品位和气质，而且木梳有点类似玉石，用久了就会产生感情，成为主人的珍藏品。谭木匠出道时间并不长，但是作为一家作坊式的小企业，它却从1997年成立之初就紧紧地抓住了文化内涵这条主线，为自己的产品进行了准确的定位，开发了广受市场欢迎的黄杨木梳和“草木染”梳。黄杨木是一种珍贵的木材，多生长于原始森林，有“千年难长黄杨木”之说，有很好的保健作用。而“草木染”梳则是将木梳放在严格的中药配方里进行浸染。它的每款梳子除了具有普通木梳防静电、保健、顺发等基本功能，还具有非常好的艺术美感，散发着难得的古典气息，让人一见就联想到了文化品位。

因此，谭木匠很快就打出了小木制品行业的第一品牌“谭木匠”，成为了行业冠军。至2005年底，谭木匠公司已经连续9年保持经营业绩的持续增长，并计划在香港证券交易所主板上市。

谭木匠的成功就是因为将高品质的木梳和独特的文化品位结合在一起，将我国的古典文化和人的感情融入产品，使得一只普通的木梳脱离了仅仅是外观和实用的低层次范畴，上升到精神需求的高度，使人既得到了物质的实用性，也得到了精神方面的享受。只有有文化内涵的品牌才会被世界记住，并且长久存在于消费者的脑中。

## 抓住顾客的感性诉求，才能抓住顾客的心

爱情是永恒的主题，很多人为了爱可以不顾一切。在我们的印象中，一定有很多这样的故事，一个个很“傻”的女孩子，放弃了富裕、英俊或温柔潇洒的追求者，坚定地选择了可能是一无所有的爱人。为什么会这样？因为，人第一关注的永远是情感的需求。

目前企业面临诸多挑战，首先是产品创意，虽然新产品层出不穷，但只有20%～25%的产品能够获得成功；另一个挑战

是消费者逐步成熟并日益个性化的消费观导致了激烈的市场竞争，每个细分市场都充满了实力强大的竞争对手，这给企业的品牌创新带来了很大的难度。如何突破这些障碍，建立起持续的具有影响力的品牌？

调查发现，只有那些能够拴住消费者、与消费者联结起情感的品牌，才会成为真正的市场赢家。知名品牌专家艾伦·亚当森曾说过：消费者不会对枯燥的事实和数据产生亲近感，最佳品牌必须在情感层面而非理性层面上与消费者联系起来，这是品牌传播的立足点。消费者的情感是一直不断变化的，比如女性的裙子，从长到短，再到长、到短，这足以说明情感世界是在不断改变的。那些能够很好地跟上这些变化，并将自己和消费者的情感联结起来的品牌，最终将打赢这场品牌情感战役。

在市场竞争的初级阶段，市场竞争成功的重要基点是产品的价格和质量，但在个性消费的新时代，物美价廉不再成为竞争优势。在未来的市场竞争中，那些善于思考、敢于冒险、追求创新的人，那些巧妙地掌握消费者情感心理的企业管理者，才能把握市场，主宰市场，获得最后的胜利。

温情商战是现代市场竞争的必然结果和表现形式。在当代的感性消费时代，一个明智的企业家必须适应时代的潮流，及时调整自己的产品结构，把产品的重点放在满足消费者情感需求的软性商品价值上。同时，还要千方百计地采用各种营销策略来适应消费者的个性需求。

现代市场营销理论认为，要顺应感性消费时代的要求，就要求企业家独辟蹊径，在新的市场细分中寻找出路，进而以独特的魅力避开与对手的正面竞争。

## 顾客购买的是一种心理需求

20 世纪 80 年代初，美国可口可乐公司想进入中国市场。起初，该公司高层人员对可口可乐能否占领中国市场信心不足。

中国是个有悠久喝茶传统的国家，茶的味道和可口可乐毫无共同之处，中国消费者能接受可口可乐的味道吗？可口可乐公司先以免费试喝的方式在北京、上海、广州三大城市进行街头调查。但调查的结果令他们很失望，70%的人不能接受这种味道，说喝起来像咳嗽糖浆，很难喝，能接受的只有10%，还有20%的人没有表示明确的态度。就在可口可乐公司对中国市场几乎失去信心的时候，该公司一位高层人员运用换位思维，重新进行了一次免费试喝的街头调查。

可口可乐这位高层人员认为，因为中国长期处于封闭状态，所以一般民众对美国一无所知。要想让中国消费者接受可口可乐这一产品，就必须使中国消费者站在美国消费者的位置上看待可口可乐这一产品。因此，这位可口可乐高层人员在进行第二次街头免费试喝调查前，从宣传美国文化开始，强调可口可乐是美国文化的象征，是美国人几乎每天都要喝的饮料，美国人喝可口可乐喝了几十年，美国的科技、经济也飞速发展了几十年。这个广告暗示消费者，美国人是喝可口可乐长大的，是喝可口可乐聪明起来的，也是喝可口可乐发展起来的。

通过宣传，第二次的调查结果和第一次截然相反，表示能接受的达到了70%，不能接受的下降到20%，没有表示意见的占10%。可口可乐公司得到这一信息后信心大增，随后，他们就投入了大量的人力、物力、财力，在强大的宣传攻势下，将可口可乐打进了中国市场。从此，可口可乐的形象在中国消费者心目中日益鲜明，很快就横扫了中国饮料市场，成为中国市场中销量最大、最受欢迎的一种品牌饮料。

可口可乐的味道并没有变，只是因为宣传中多了美国文化的元素，满足了人们对美国元素稀缺的心理需求。这种理念也是星巴克咖啡、光合作用书房营销成功的一个灵魂支柱。星巴克的咖啡不一定比其他地方的好喝，但是它的小资情调深刻地影响了我们的文化触觉。但是正如他们内部人士所说的——星巴克，一切与咖啡无关。光合作用书房并不大，但是他们相信那些整天面对电脑屏和手机屏的顾客，一定会更加向往书店里提供的真实接触和自由行动的空间。因此它将书店与咖啡厅结合，但在盈利上并不强调咖啡厅，只在空间组合和功能配套上营造出咖啡厅的感觉，创造出一种“悦读”的氛围。无论你抱何种目的来到这里，都可以呼吸到来自“光合作用”的“氧气”。所以它在规模庞大、川流不息的大书城模式和方便低价的网上书店模式之外，创造了年销售额上亿的业绩，它所营造出的情调也使之成为20～40岁受过良好教育的都市人的休憩场所。它成功的原因就是淡化了“产品”这个概念，满足了人们的心灵需求。

## 用无形的品牌资产来维护品牌的忠诚度

美国经济学家威德仑说：“顾客就像工厂和设备一样，也是一种资产。”品牌忠诚度是顾客对品牌感情的量度，反映出一个顾客转向另一个品牌的可能程度。以品牌忠诚度为目标的营销成为20世纪90年代中期西方营销学的热点话题，并引出了“顾客关系管理”这个已逐渐成为企业策略的核心议题。为了保持利润的持续增长，公司的目光要从市场占有率的数量转向市场占有率的质量，越来越多的企业开始重视品牌忠诚度的创立和维护了。

闻名于世的雀巢公司始创于19世纪中叶。公司建立以后，发展非常迅速，产品线不断拓宽和加长，然而在这种情况下，雀巢公司并没有一味采用当时所通行的品牌延伸策略，将Nestle品牌应用到其所有的产品上。因为它清醒地认识到：在食品行业，当品牌扩展到太多不相关联的领域时，消费者的品牌联想力和品牌认知度就可能会逐渐减弱，从而削弱品牌原有的内在魅力，最终使公司的品牌成为一个没有特点、特色和竞争力的简单符号。

基于这种认识，雀巢公司实施了一种颇具特色的品牌策略，建立起公司品牌和产品品牌既相互促进又相对独立的金字塔形品牌体系。

雀巢公司的品牌分三个层次。第一层次是公司品牌“Nestle”，在公司所有产品的外包装上都或大或小地印有这一品牌名称，从而使其良好的品牌形象和品牌魅力覆盖公司所有的产品，为它们提供信任、质量保证和竞争能力等。

第二层次是家族品牌。家族品牌为它所包括的一系列产品提供信任、信誉、质量保证和竞争能力等；同时家族品牌的良好业绩也强化了公司品牌的形象，提升了公司品牌的市场地位。随着其产品线的拓宽，公司内家族品牌的队伍不断扩大。

第三层次是产品品牌。产品品牌由家族品牌加具体产品名称组成，提供口味、感觉等特殊的价值和个体经验以吸引消费者；同时，产品品牌的经营成功又可以加强家族品牌和公司品牌的良好形象。

这三个层次相互作用、相互促进、相辅相成，在整体上提高了雀巢公司的竞争力和市场形象。但同时，各家族品牌之间又相对独立，“权责范围”划分清楚，“分工”明确，只在各自的产品领域内进行延伸，从而避免了消极因素的恶性蔓延。

雀巢公司非常重视品牌管理工作。它专门设立了战略经营总部来负责雀巢各品牌的连续发展和在相关领域的效能。采取不同的品牌定位方式为家族品牌定位，并利用家族品牌的力量进行延伸，经过多年的发展，公司的各种产品品牌力量不断壮大，市场形象不断提升，使得这个品牌金字塔的塔基更加坚实，从而也使得位于塔尖的“Nestle”品牌日益耀眼夺目。

认识到品牌忠诚度维护重要性的不止雀巢一家。全球性家电公司惠而浦执行总裁惠特万曾表示，大部分的工业玩家都将注意力集中在怎样围绕生产、成本和质量进行最优良的运作上，然而他们发现这并不足以产生非凡收益。因而，有必要改变一下游戏规则。“如果我们拥有客户忠诚的品牌，那么这就是其他竞争厂家无法复制的一个优势。”惠而浦已经逐步在世界各地实行建立品牌忠诚度的企业理念。

将品牌忠诚度看作品牌资产的一个核心构成，有助于公司将消费者作为品牌资产来对待。品牌忠诚度与其他品牌资产要素相比区别和联系在于，品牌忠诚度紧紧地与使用经验联系在一起，而其他品牌资产要素则没有这个要求；品牌忠诚度还受到品牌知名度、品质认知及品牌联想等部分影响。

# 第四章
# 危机公关：在突发事件中积极消除公众误解

## 不要企图和新闻媒体做无谓的较量

新闻媒体在西方社会被称为第四大权力，即真正的无冕之王。比如在美国，每次各种竞选，候选人无一不希望能获得传媒大亨默多克的支持。

现代社会的信息交流非常便捷，即使是一件小事情，只要被新闻媒体盯上了，就会如被置于放大镜下，被公众清楚地审视。因此，不论是什么领域的企业，都要保持好与新闻界的关系，凡事不要太较劲。

瑞士的雀巢公司在这方面就曾经当过一次反面教材。雀巢公司的一个重要产品是婴儿奶粉，这一产品长期垄断欧洲市场。为加大雀巢公司的影响，同时开拓海外市场，雀巢公司决定进军非洲市场。

当时，非洲大陆上内战正酣，许多国家的人民没有饭吃。雀巢公司召集新闻界，宣布要无偿支援非洲难民，赠送奶粉给非洲，新闻界将这件事报道后，产生了很好的影响，提高了雀巢公司的声誉。同时，雀巢公司还有一个计划，就是当非洲内战停止时，非洲的妈妈们应该已经习惯用雀巢公司的奶粉了，那时，雀巢奶粉正好可以在非洲大量销售。

应该说雀巢公司的想法是很好的，可事情的发展却未尽如人意，甚至与公司的期待完全相左。过了一段时间，报纸上不断传来有些非洲妈妈用雀巢公司的奶粉喂宝宝，结果导致婴儿死亡的消息。雀巢公司慌了，急忙派人去调查，发现报纸上说的婴儿死亡的例子，其原因并不是吃了雀巢奶粉，而是当地的饮用水不卫生，同时非洲贫困的妈妈们为节约奶粉，用大量的水稀释奶粉，从而使婴儿得了当地医疗条件无法解决的痢疾。雀巢公司松了一口气，当即在报纸上声明，非洲的事件与公司奶粉的质量没有什么关系。

可是有家报纸并没有理会雀巢公司的声明，继续报道了所谓的“雀巢奶粉中毒事件”。这时，雀巢公司做了一件事——后来被证明是极其错误的决策——它决定起诉这家报纸和做这个报道的新闻记者。

本来，有关雀巢公司奶粉质量的报道还不为公众注意，现在居然打起官司，公众的好奇心一下子被激发起来。雀巢公司成为舆论的焦点，又有几家新闻机构派记者到非洲，专门调查雀巢公司奶粉“毒害”非洲儿童的情况。由于非洲处于内战之中，有关非洲的新闻从来就是传闻与事实的结合，所以对雀巢公司奶粉质量的渲染更加朝不利的方向发展。甚至有很多人在雀巢公司的总部门前示威，以抗议商人“唯利是图”，全然不顾非洲儿童生命的可贵。雀巢公司的形象大损。面对气势汹汹的舆论，雀巢公司始料不及，一下子陷入了不知所措的痛苦境地。

公众都用“宁可信其有，不可信其无”的态度对待这一事件，当时市场上的奶粉竞争得很厉害，有几百种牌子，雀巢公司的市场占有率本来很可观。但是，现在妈妈们谁也不想拿自己孩子的健康冒险，大都临时换了奶粉。雀巢公司的产品销售量一下子下来了，公司的领导层意识到自己的决策失误，但已经无可挽回，只得硬着头皮等待法院的判决结果。

判决结果很快出来了，雀巢公司赢得了无可争辩的胜利。但是，公众的兴奋点很快发生了转移，他们谁也没有注意到报纸上简短的道歉申明，其他品牌的奶粉不战而胜。雀巢公司付出了极大的代价，其依靠几十年才建立的产品盛誉竟然被一个谣传击得粉碎。

其实，这一事件的是非很清楚。雀巢公司的奶粉在欧洲没有产生毒害，在非洲也不可能有问题。就算出了问题，原因也只可能在奶粉的喂食方法上，但公众是不会去认真考虑这一问题的，他们关心的只是事件本身是否具有戏剧性，而且用什么牌子的奶粉对他们而言只是一个习惯而已。

新闻记者的“权力”其实很大，这也是大家对记者又爱又恨的缘故。

如果我们平时多和媒体朋友搞好关系，那么就算遇到一些棘手的问题也能迎刃而解，有了新闻媒体舆论导向的帮助，公众也会自然而然地受到这种导向的影响。

## 尊重事实，坦诚面对

在张岩松的《企业公共关系危机管理》一书中，他曾提到这样一个案例：

1998年夏天，凶猛的洪峰一连8次扑向湖南，战斗在抗洪一线、冒着高达40℃高温的塔山英雄旅的战士，面对滔滔洪水，严防死守，挥汗如雨，却很难喝上一口干净的饮用水。8月21日，原水利部部长钮茂生通知湖南省水利水电厅，他要看到战斗在抗洪大堤上的战士喝上水利部送去的矿泉水，以表达水利系统的干部职工对抗洪英雄的敬意。

8月24日，湖南省水利水电厅到湖南中康长沙水研制有限公司购买了13万瓶“长沙水”，分别火速送往岳阳市的江南垸和长沙市的大众垸，“长沙水”随即在战士们手中传开。谁知，不到半天，塔山英雄旅八连来人报告，喝了“长沙水”的战士中，有9名腹泻严重，10名肚子疼痛难忍，3名呕吐，1名发烧达38℃。八连卫生员迅速采取措施，立即发放药物，有效地阻止了病情的进一步扩散。连队领导立即把周围22箱“长沙水”打开检查，发现除了3瓶没有沉淀物外，其余近500瓶均有小碎片、青苔和悬浮状物质。该旅卫生队立即走访各连队，除了没有发放“长沙水”的汽车连以外，其他各连均有不同程度的肠胃不适现象。事情发生后，战士们愤怒了，他们不顾生命和血汗，与特大洪水搏斗，结果喝口水都不干净。他们决定投诉，而投诉的单位就是湖南省水利水电厅。

湖南省水利水电厅接到投诉后，立即与中康集团联系，协商解决问题的方法，而中康集团则相互推诿，以“做不了主”为由，推脱责任。于是，水利水电厅委派后勤服务中心的几位负责人与省技术监督局的技术人员一起，于10月9日赶赴塔山英雄旅驻地郴州，就中康“长沙水”质量问题向部队官兵真诚道歉。与此同时，中康集团董事长刘继泉也闻讯赶到郴州。

在第二天的协商会上，中康集团刘董事长不但没有就“长沙水”质量问题给战士们一个满意的答复，反而盛气凌人，当众打开一瓶有悬状物的“长沙水”一饮而尽。随后声称，他喝了一瓶这样的“长沙水”，却什么事也没有。面对董事长的荒诞表演，战士们无不目瞪口呆。结果，协商会不欢而散。

10月28日，湖南省产品质量监督检验所对两瓶保质期为一年（1998年4月18日生产）的“长沙水”进行质量检验，发现“长沙水”中感官、总固形物、电导率及细菌总数均不符合标准要求，为不合格产品。

至此，新闻媒体纷纷披露“长沙水”喝倒“抗洪英雄”的内幕，中康集团陷入了四面楚歌的境地，“长沙水”这个曾经花费几百万广告费打响的名牌也最终毁于一旦……”

面对危机，如果没有树立正确、科学的危机观念，既不敢正视，更谈不上认真对待，这种幼稚的公关意识只能酿出令自身难以下咽的苦酒。

案例中，中康集团的表现让人感到悲哀。面对问题，不是积极主动地解决，而是掩盖矛盾，回避事实。这种“护短”行为导致自己陷入被动的泥潭中。要知道，纸是包不住火的。问题出现后，只有向公众表明解决问题的诚意，求得公众的谅解和合作，才可能尽量减少因失误对品牌形象造成的损害，并由被动变为主动，化险为夷，绝处逢生。

以生产保健及幼儿药品闻名的强生联营公司是美国最大的医药公司。它在欧美几十个国家的近10亿消费者中享有极高的信誉，几乎所有的消费者都认为“强生联营公司是个非常值得信赖的公司”。

1982年9月30日早晨，有消息报道美国芝加哥地区有7人因使用强生联营公司的一个子公司麦克尼尔日用品公司生产的“泰勒诺尔”牌镇痛胶囊而中毒死亡，据传另有250余人也因为服用此药而生病或丧生。后来查明，这种药根本无毒。前者7人的死亡是由于有人打开包装在药中加入了剧毒氰化物所造成的；后者250余人的生病或丧生，则与泰勒诺尔药丸根本无关。但是误解已经造成，坏名声已经传出。当时有很多人断定：这种年销售额高达4～5亿美元并且在全美拥有1亿多使用者的药丸将从市场上绝迹。

危机出现了。首先是泰勒诺尔解痛药几乎所有订单被立即取消，紧接着强生的其他产品的销售也受到了株连。

情况危急，强生公司马上求助于当时美国最大的公共关系公司——博雅公司。博雅公司从1978年起就一直进行着泰勒诺尔解痛药的宣传工作。这次他们密切合作，开始了挽救泰勒诺尔的工作：

第一步：与新闻媒介通力合作，向公众如实说明真相，因为新闻界是警告人们防止这种危险的关键。

第二步：以1亿多美元的代价收回市场上3100万瓶“泰勒诺尔”牌镇痛胶囊。

第三步：麦克尼尔日用品公司设计和生产了抗污染的包装，重新将“泰勒诺尔”牌镇痛胶囊打回市场。

为了配合第三项工作，麦克尼尔日用品公司散发了价值

5000万美元的赠券，向顾客免费赠送这种重新包装过的镇痛药物。

为了让尽量多的公众了解他们的做法，博雅公司以纽约为中心，通过卫星同时在全美30多个城市举行记者招待会，其他一些城市的记者还可以向纽约的中心会场提问。信息很快传播出去，强生联营公司的做法受到公众的赞赏和信任。

1983年3月，美国荣誉和奖品颁发委员会的公共关系学会为了表彰强生联营公司恰当处理这场危机的成绩，向强生联营公司颁发了银质奖章，这是一次尚无先例的行动。博雅公关公司副总裁斯坦·索尔哈福特在著作《形象战》中评论泰勒诺尔事件是“本世纪最好的表现公关的威力、媒介的巨大作用以及公司形象的重要性的案例”。

强生在面对危机的时候，首先考虑到的是公众和消费者的利益，尊重事实，以坦诚的态度扭转了企业的“灭顶之灾”。为此，《华尔街日报》报道说：“强生公司选择了一种自己承担巨大损失而使他人免受伤害的做法。如果昧着良心干，强生将会遇到很大的麻烦。”

相对于企业而言，公众是弱势群体，他们在利益受到侵害时的第一反应并不是到底谁侵害了他们的利益，而是能否保证他们的利益不被继续损害并得到补偿。逃避事实或者歪曲真相并不能解决问题。因为现代社会的媒体追溯力很强，企业越是隐瞒，就越容易引起媒体与公众的质疑，从而造成各种版本的猜测，甚至被媒体恶意炒作。在水落石出之前采取切实有效的举措，能给消费者以安全可靠可信赖的形象，如果企业愿意为消费者挽回损失，那意味着消费者至少会认为企业和他们是站在同一边。

强生鉴于公众的安全，不惜巨额收回药品，尊重新闻界，主动提供信息，这让消费者的“安全感”得到了满足，从而赢得了公众和新闻界的谅解。接着与新闻界通力合作，开展高透明化的宣传活动，维护了公司的良好形象。

## 面对谣言，主动出击

从2002年4月开始，在全国众多媒体上，纷纷刊登转载了一篇题为《莫忽视微波炉的危害》的文章，加上各网站转载，据不完全统计，共有530篇之多。文章称："微波炉的电磁波外溢会造成永远不能愈合的烧伤，微波炉能把半径3～5米的磁场结构破坏，在微波炉附近，由于人体细胞震荡所产生的磁场会被扰乱，会引起许多疾病。"此外，微波炉对食物的破坏十分可怕，"煮过的或仅仅回了一回锅的、解冻过的食物，就不再有任何活性维生素了"。

这篇小文章在全国各地近600家媒体上广泛传播，引起了全国各地消费者的极大恐慌，许多消费者不敢购买微波炉，不敢使用微波炉，而更多原本已经有购买意向的消费者也打消了购买的念头。与2001年同期相比，2002年整个微波炉行业的销售量下降40%左右，作为全球最大的微波炉生产企业——格兰仕虽然市场占有率仍达70%，但受到的伤害最大，销量比上年同期下降了40%。而所有这一切的起因居然是一则豆腐块大小的文章。

多年来，中国微波炉市场经过格兰仕的启蒙教育和辛勤耕耘，"微波辐射"和"微波炉恐惧症"早已烟消云散，为什么又会在这一年沉渣泛起，死灰复燃呢？有关专家分析，从文章内容上看，主要的观点一是长期的微波辐射会引起各种身体不适，诸如心跳变慢、睡眠被扰乱、记忆力也会发生变化；二是电磁波外溢会造成不可愈的烧伤；三是微波炉对食物的破坏，造成营养流失。对于此次"微波炉事件"，格兰仕一位总经理助理认为："格兰仕比窦娥还冤！"

微波炉有害论扰乱市场，格兰仕忍无可忍。7月8日，国内微波炉行业的龙头老大格兰仕专程进京喊冤，指出近两个月来微波炉行业遭到了一场类似美国“9·11”事件的恐怖袭击，致使全行业近两个月的产品销量直线下滑，而占有整个行业70%市场份额的格兰仕更是首当其冲，销量比上年同期下降了40%。

在北京召开的新闻发布会上，格兰仕专程邀请了来自国家工商局、国家技术监督局、中国家电协会、中消协、中国名牌促进委员会、中国预防医学会、中国疾病控制中心等单位的领导与专家学者，就微波炉的危害问题回答了记者的提问。

格兰仕为什么要兴师动众来到北京“喊冤”呢？格兰仕总经理助理赵强强调说，他们要“为行业辟谣，为自己立信，为消费者解除疑虑”。在会后，格兰仕的发言人对媒体记者说，近两年来微波炉的市场发展十分迅速，目前大城市的市场增长已经趋于平稳，但中小城市特别是农村市场潜力巨大。此外，国际市场每年对微波炉的市场需求也在3000万台以上，格兰仕仅2001年一年微波炉的出口总额就高达2亿美元以上。这样一个高成长性的行业，绝不能被谣言毁掉。针对这次谣言事件，格兰仕发言人强调说，针对这次恶意的诽谤，不排除以法律手段解决的可能。

面对对自己极为不利的谣言，格兰仕约请媒体猛烈反击，指这是某跨国公司精心策划的阴谋，并呼吁管理部门加强监管，规范市场经济秩序。格兰仕副总俞尧昌在与媒体见面的时候表现得格外气愤。他说：“本来我们认为清者自清，没有在市场上进行大规模的澄清。现在发现这是一个精心策划的阴谋，所以不得不站出来说话了。”“目前，包括欧美、日本在内的全球市场微波炉每年的销量高达4000万台，在中国也保持着20%左右的增长幅度。如果真的对人体有危害，微波炉怎能在全球范围内销售?”

俞尧昌还引述中国家用电器研究所副所长、中国家用电器质量监督检验测试中心实验室副主任张铁雁的说法：“微波炉工作所产生的辐射甚至比一根普通日光灯管还少。”“现在我们已经查明，这是一家曾经在中国市场上败走麦城的美国企业及其公关公司策划操作，针对中国市场上包括中、日、韩企业在内的竞争对手的一次恶意攻击，目的是为其所谓第六代微波炉面市做铺垫。它们在中国宣传微波炉有害，而自己的产品还在本国大肆销售。如果它们所说的'微波炉有害论'成立，那它们在美国市场上的产品是不是应该召回？它们敢不敢在美国这样宣传？美国的法律会不会罚它直到破产？"俞尧昌并不愿意说出这家企业的名字，却从这一事件谈到了 WTO 环境下，中国家电企业所面临的新一轮的恶性竞争。除了本土品牌与洋品牌之间的竞争日益激烈，企业目标市场开始趋同，以前本土品牌走中低端、洋品牌走高端的局面不再复存在。现在所有企业都有自己的高中低端市场目标，所以市场竞争的激烈程度是前所未有的；同时，家电企业与企业、产品与产品之间同质化严重，很难形成差异化竞争，流言便成为制造竞争差异、排解竞争压力的绝好手段。在终端卖场，一种普遍的现象就是销售人员用谎言、谣言打击竞争对手。市场上只要有一种新产品上市，就会看到这种新产品对其他品牌产品打击的传言，这种策略好像已成为一种规律。

在这样完全开放的市场经济环境中，企业在应对激烈的正常竞争时，随时可能遭到一些不可预知的"伏击"，杀伤力比较大的像"商业谣言"，是导致行业或企业组织形象严重受损的手段之一。

树大容易招风，往往也是避风的好去处。无论对于整个微波炉行业，还是全国的微波炉用户，身为全球微波炉产销规模最大的企业，格兰仕就是这么一棵参天大树。当"微波炉有害论"灾难到来的时候，首先受到伤害、首先引起关注、首先成为人们寻根究底的目标的，无疑就是格兰仕。业内外都不乏先例告诉格兰仕，谣言可以越描越黑，辟谣也有可能越辟越浑，到底怎样才能将企业、行业解除危机？

危机公关对于很多国内企业还是比较陌生的概念，没有引起足够的重视，在它们看来，公关往往就是企业做做宣传或在媒体发几篇文章，当遇到一些突发事件时，总是尽量保持低调、能捂就捂、能避就避，以为“沉默”才是最好的解决法则，更幼稚的做法还有自说自话等。结果当公众想了解事情的真相又无从着手时，就会出现许多不实的猜测、不必要的恐慌，谣言四起，事件反而容易被人误解。

面对“微波炉有害论”侵袭整个行业，格兰仕的反应速度虽然慢了半拍（进行公关时，谣言已经造成了较恶劣的影响），但在决定粉碎后表现出来的清醒、勇敢实属难得。首先，面对谣言，格兰仕没有因为自己是全球最大的微波炉公司就凌驾于消费者之上，置之不理，而是以一种富有人情味的态度来应对消费者，对提出疑问的消费者一一给予客观、科学、公正的回信、回电。其次，对造谣者也是给予积极主动的回应，而不是以指桑骂槐地对骂来处理。

尽管通过各方查证，确定造谣者乃早年在中国微波炉市场落马的美国企业，但是格兰仕没有采取过激的反报复行为，而是冷静地梳理出谣言的“病根”是“不正当竞争”，只有纯净竞争环境才能肃清谣言。因此，格兰仕决定以“正确引导消费、规范竞争环境”作为这一次危机公关的突破口。

媒体是企业与公众沟通交流的窗口，这个窗口必须在平时擦得明亮干净，保持交流畅通无阻。在危机事件中，媒体的配合往往起着关键性的作用。现代生活的社会化越来越高，人们的社会意识越来越浓，这意味着一个企业的危机不再仅仅是企业自身的事件，而是与广大社会公众有关的事件。人们希望通过一个窗口了解事件的原委与处理结果及与自己的关系如何，而这一窗口是只有媒体才能胜任的角色。

很多在企业做公关工作的人都抱着一个观点：做公关就是做广告，需要大量的资金投入。事实上，广告和公关的区别是很大的：广告专注的是诉求，公关借助的是沟通；广告张扬，公关内敛。区分清楚了广告和公关的内涵，我们就成功了一半。当危机出现时，只要将所有的问题定位在沟通上，那么企业就有可能用最低的成本来消除危机。

## 临危不乱，沉着冷静地进行系统的危机公关

中美史克制药公司的很多员工至今仍然清晰地记得几年前的那场烈火，滚滚浓烟似乎还在他们心头萦绕。熊熊火焰中，堆得如小山一般高、打包整齐、隐约还能“康泰克”字样的药品正在燃烧。记录这场焚烧的录像带如今存放在中美史克的资料室里。“这哪里是在焚烧药品啊，是在烧大把大把的钞票！价值几亿元的药品就这样化为灰烬，我们痛心啊！”许多老员工一提起此事就会流泪。

2000 年 11 月 15 日，国家药品监督管理局向全国发出了《关于暂停使用和销售含苯丙醇胺“PPA”的药品制剂的通知》。《通知》附件中列出了国内 15 种含 PPA 成分的药品，天津中美史克的当家产品——“康泰克”“康得”分别名列第一位和第二位。

“康泰克”是中美史克公司 1989 年研制成功、投入市场的感冒胶囊。到 2000 年 11 月被宣布停止生产和销售为止，“康泰克”已经累计销售 52 亿粒，在国内感冒药市场上占据着相当高的市场份额，其广告语——“早一粒、晚一粒，远离感冒困扰”传遍神州大地，“康泰克”也因此成为家喻户晓的著名品牌。“康泰克”被禁生产与销售，对中美史克的打击之严重可想而知。据估计，PPA 事件中中美史克的直接损失高达 6 亿元人民币。

而更严重的危机来自企业内部，根据当时的业务发展速度，2000 年“康泰克”的销售额应该能够超过 6 亿元人民币。当时的生产线上，近一半的工人跟“康泰克”的生产有关。如果停

止药品的销售，意味着很多生产工人会面临下岗的危机；仓库里还有价值1亿元人民币的库存；而且大量停留在渠道、药店、医院尚未售出的药品需要回收……这些损失如何补偿？感冒药“康泰克”停产停售后，引发了一系列“多米诺骨牌效应”。公司的现金流状况恶化，如何有效管理以保证日后的长久经营？如何回应媒体和公众的疑问甚至是谴责，重树“康泰克”和中美史克的正面形象？

危机发生后，中美史克公司立即成立危机管理小组，并根据应对对象、职能的不同，分为几个部分：领导小组——制定应对危机的立场基调，统一口径，并协调各小组工作；沟通小组——负责信息发布和内、外部的信息沟通；市场小组——负责加快新产品开发；生产小组——负责组织调整生产并处理正在生产线上的中间产品。

11月17日中午，中美史克全体员工大会召开。中美史克总经理杨伟强向员工通报了事情的来龙去脉，宣布公司不会裁员。此举赢得了员工空前一致的团结。同日，全国各地的50多位销售经理被召回总部，危机管理小组深入其中做思想工作，以保障各项危机应对措施的有效执行。中美史克开诚布公地告诉员工公司出了什么问题，公司打算怎么解决，员工在公司面临困难的时候可以扮演什么角色等。中美史克领导层做出这样的决策是因为他们认为自己不会在PPA事件中陷得太久，并且坚信熟练的技术工人在日后创造的经济效益将高于企业现在留用他们所承受的损失；另一方面，中美史克公司的产品除“康泰克”和“康得”以外，还有“芬必得”“泰胃美”“肠虫清”等，为了保证这些产品生产的正常进行，中美史克公司必须竭尽全力稳定人心。

当时，中美史克的员工也面临巨大压力，一位员工曾描述，当时事件的影响已经让企业在外部环境中危机重重，而更严重的危机则来自于企业内部，生产线的停止让一半员工面临下岗的威胁。令员工们没有想到的是，中美史克在没有解决好技术问题前果断地让“康泰克”退出了市场，虽然公司因此承受了6个亿的直接经济损失，却没有为此裁掉一名员工，企业内部达到了空前的团结。

杨伟强事后总结：“我们最大的成功，应该是没有将外部危机转化为内部危机。管理层没有对员工隐瞒任何事实，并且在‘康泰克’和‘康得’全面停产的情况下，坚持不裁员，这一方面团结了员工，使他们更积极地进行新产品研发；更重要的是，磨难使员工们今后对企业更加忠诚。”

11月18日，被迅速召回天津总部的全国各地50多名销售经理，带着中美史克《给医院的信》《给客户的信》奔往全国。应急行动也在全国各地按部就班地展开。在中美史克总部，公司专门培训了数十名专职接线员，专门负责接听来自客户、消费者的询问电话，做出准确统一的回答以消除疑虑。11月21日，15条消费者热线全面开通。对于经销商，他们得到了中美史克公司明确的允诺，没有返款的不用再返款，已经返款的以100%的比例退款，中美史克在关键时刻以自身的损失换来了经销商的忠诚。

当然，被动地应付是不够的。面对危机，中美史克的管理层更多地在考虑如何化险为夷，变被动为主动。他们认为，绝不能让公司7年来精心培育的品牌在这次危机中倒下，只要决策正确，方法得当，危机也可能转变为机遇。他们首先决定在最短的时间内，以最快的速度拿出让人们信得过的新型感冒药，填补“康泰克”“康得”停止销售之后留下的市场空白，并且就将新药命名为“新康泰克”。事实证明，这个决策是正确的。“新康泰克”不仅利用了“康泰克”已形成的高知名度，而且又向人们表示了中美史克“康泰克”产品的革命性进步——不含PPA，也表示了公司高度的自信心——公司不会因为PPA事件而一蹶不振。

眼睁睁看着6亿元的市场销量被PPA风暴刮得无影无踪，中美史克不会就此罢休。PPA禁令发布292天后，2001年9月3日起，杨伟强率领人员先后在北京、天津、上海、广州、成都与媒体和客户见面，为“新康泰克”上市做公关工作。中美史克对外宣布，“新康泰克”已通过国家药品监督管理局检测并获准销售，将很快上市，这一举动标志着中美史克大规模收复失地行动的开始。

据称，为了确定是否使用“康泰克”商品名，中美史克在全国二十几个大城市做了大规模市场调查，调查结果表明被访者对“康泰克”的认知度高达89.6%，而超过90%的人愿意考虑重新购买“新康泰克”。中美史克的决策层据此认为，“康泰克”仍有巨大的品牌号召力，因而决定新产品依然使用“康泰克”名称。

不到一个月，中美史克公司就收到“新康泰克”的订单8000多万，不仅所有的老客户加入了订购“新康泰克”的行列，而且一些新客户也加入了销售商的行列。到2001年底，不足4个月时间，“新康泰克”就销售了17000万粒，名列中国感冒药市场上的第二位。可以说，“PPA”事件给中美史克带来的危机完全消弭了。

从中美史克处理“PPA”危机的过程中，我们可以总结出以下几点经验：

（1）当遇到突发危机时，企业最高领导层必须在最短的时间内做出反应，不能回避，拖延；应当尽快建立专门的危机处理部门，负责处理危机发生后的有关事务。

（2）危机也是时机，企业应该积极应对，努力将危机化作商机。突发性的危机事件，可能会给企业经营带来巨大的冲击，但是也能引起人们对企业的广泛关注，从另一个方面讲也提高了企业的知名度。如果利用得当，有助于企业就此树立良好的形象。所以，面对危机的企业，应当积极应对，将危机转变为机遇。

(3) 企业在进行危机处理和进行危机公关的过程中，尤其要注意与公众媒体的合作。通过媒体，可以让社会了解事件的真相，企业危机中的良好形象和态度，也可以通过媒体树立。在高度信息化的社会，媒体的作用是不言而喻的。追逐新闻的媒体对企业的突发事件，特别是知名企业的突发事件无疑是相当感兴趣的。企业在预感危机将至时，应尽早与媒体沟通，不要企图蒙混过关，以为媒体不会知道或不感兴趣。企业必须巧妙利用媒体，引导公众，为企业处理危机创造一个良好的舆论环境。

# 第六篇

# 广告心理学

# 第一章
# 契合消费者的心理定位

## 把握好情感定位，打动消费者的心

广告在以理服人的同时，更要以情动人。人人都有七情六欲，都有丰富的感情，包括亲情、爱情、友情等，企业要想让产品容易为顾客所理解、所喜爱、所接受，最好的形式是通过广告来传递感情，令大众产生心灵上的共鸣。

电视屏幕上，一对老夫妇正在饭厅里静静地用餐，忽然电话铃响了，老妇人去另一个房间接电话，老先生在外边停下吃饭，侧耳倾听。一会儿，老妇人从房间里出来，默默无言地坐下。

老先生问："谁的电话?"老妇人回答："女儿打来的。"又问："有什么事?"回答："没有。"老先生惊奇地问："没事远隔几千里打来电话?"老妇人呜咽道："她说她爱我们。"一阵沉默，两位老人泪水盈眶。这时旁白不失时机插入："贝尔电话，随时传递你的爱。"

这是一则美国贝尔电话公司十分成功的广告，它以脉脉温情打动了天下父母、儿女或即将成为父母的观众的心。

贝尔电话广告的成功在于广告商在制作广告时考虑到了目标消费者的特定心态，从儿女与父母的感情入手，描绘、展现了一幅孝心浓浓、爱意浓浓的温馨和美丽动人的亲情画面，让我们时时体味那爱的簇拥，充分唤起了人们对家庭亲情的留恋、回忆、追求、憧憬。电话有线，亲情无限。贝尔电话连接着千家万户，沟通亲人们的心灵，缩短了亲人们的感情距离。

所以，一则以情动人的广告，要选择恰当的角度，将感情的定位把握好，以有效的手段强化、渲染产品所特有的情感色彩，以打动消费者的心。

消费心理学告诉我们，人们的心理状态直接影响到他们的购买趋向和选择。在物质生活特别丰富的今天，消费者购买商品已不仅限于满足基本的生活需要，心理因素对其购买行为的影响越来越大。在广告中融入和产品相和谐、真实的情感，的确能够为产品被广大的消费者认同和接受创造更多的可能性。

创意源于生活，要做出好创意首先要研究目标消费者的心理，尤其是情感需求，然后将产品或品牌跟情感联系起来。好的创意没有限制，可以是生活中一个平凡的故事，也可以是天马行空想象出来的外太空的故事，但是广告中表达的情感一定要符合目标消费者的情感需求，广告中表现的人生态度也一定要符合目标消费者的心态和追求，这样才能引起目标消费者的兴趣。

在把握消费者情感定位的时候，我们应该注意以下几条：

**一、一定要有真情实感，避免虚情假意**

情感广告依靠的是以情动人，如果广告中没有真情实感，只有冠冕堂皇的空话或者虚情假意，那么这样的广告不做也罢。

**二、把握感情的限度，避免广告中出现不道德的内容**

中国传统的情感都是比较含蓄和内敛的，表达爱情的时候或许只是一个充满爱意的眼神或者是一个拥抱，远远没有西方人那样奔放。所以在学习西方创意的时候一定要把握好一个度的问题。

比如有一则可口可乐的广告是这样的：女主角在家里和男友玩游戏机时，问男友是否想来一罐可口可乐。当她发现冰箱里只剩一罐可口可乐的时候，她决定和男友一起分享。但是男友竟然抢过可口可乐，准备自己一饮而尽。女主角愤怒之余，将自私的男友抛进窗外的游泳池，而她自己则站在窗口，独自享受着可口可乐。

该创意旨在告诉人们：现代年轻人对于生活中的一切都有自己的评判标准，不轻易妥协。但是我们中国人却很少能看出这个“不轻易妥协”的主题。相反，大家看到的是一对年轻恋人为了一罐可乐而大打出手，女主角甚至将男友抛进游泳池，然后独自享受可乐。

**三、避免文化的冲突**

广告创意人员在做广告创意的时候，一定要先彻底了解当地的风俗人情，不要做出一个被消费者唾弃的广告，否则，不仅损害广告主的利益，也会伤害消费者的情感。

日本的某品牌汽车曾在中国犯了一个致命的错误，主要原因就是忽略了民族感情，忽略了历史和中国公民的民族精神。日本产品在中国销售原本一切都需要小心翼翼，但是那个品牌却偏偏犯了这样一个大忌，居然让中国代表王者的狮子给该品牌的汽车下跪，严重伤害了中华民族的感情。加上原本中日之间的微妙关系，因此该广告在媒体上一投放，立即掀起轩然大波，遭到无数消费者的反对，很快该广告就被禁止投放，并且制作广告的广告公司和广告主都在媒体上公开道歉，这次事件对该品牌汽车在中国市场上的销售自然起了很大的负面影响。

## 广告定位可以引导消费者的选择性

美国的万宝路香烟最初的时候是专为女人设计的，因为20世纪20年代的女人在抽烟的时候很讨厌香烟嘴弄污她们的唇膏，所以这款烟是从不损害女人唇膏的角度出发设计的。这款烟的内涵是：男人记得爱只是因为浪漫，广告的口号是“像五月的天气一样温和”。这种温情脉脉的定位从一开始就注定了无法满足男人的需求，所以尽管当时美国吸烟人数每年都在上升，但万宝路的销量始终不好。

为了走出窘境，他们请了策划大师李奥·贝纳来排忧解难。李奥·贝纳经过周密的调查和反复的思考之后，提出了大胆的“重新定位”策略：将万宝路香烟由女人香烟改为男人香烟，使其作为一种男子汉的香烟而吸引广大的男性烟民。为了找到一个具有阳刚之气的形象代言人，万宝路使用过邮递员、飞行员、伐木工、潜水员等角色，但最终锁定了西部牛仔。因为伴随着美国西部片的盛行，美国民众已经把牛仔当成了真正的英雄。

更难得的一点是，万宝路并没有使用演员扮演牛仔，而是一头扎进美国西部的各个大牧场去寻找真正的牛仔，直到有一天他们发现了自己要寻找的那个牛仔形象。不久之后，一个目光深沉、皮肤粗糙，浑身散发着粗狂、原始、野性、豪迈的男子汉气概的牛仔形象出现了。他袖管高高地卷起，露出多毛的手臂，手指间夹着一支冉冉冒烟的万宝路，跨着一批雄壮的高头大马驰骋在辽阔的美国西部大草原上。这种强大的视觉冲击力让男人都渴望的气概、女人都欣赏的性感形象从梦中走进了现实，那种梦想中的浪漫生活方式极大地满足了消费者的心理诉求，万宝路的销售额一下子飞速上升。

在李奥·贝纳为万宝路做了重新定位之后的第二年，万宝路香烟在美国香烟品牌中销量一跃排名第 10 位。到了 1975 年，万宝路香烟的销量超过了一直稳居首位的云斯顿香烟，坐上了美国烟草业的第一把交椅。从 20 世纪 80 年代中期一直到现在，万宝路香烟销量一直居世界香烟销量首位。世界上每被抽掉的 4 支香烟中，就有一支是万宝路。

万宝路的口味和品位都没有变，甚至连“万宝路”这个“像五月阳光一样温和”的充满了脂粉气的名字都没变，只是因为一个西部牛仔的广告就让万宝路成为英雄、浪漫和性感的代名词，满足了顾客心理层次上的需求，所以它几乎在兵不血刃之间就在竞争极为激烈残酷的烟草业中独占鳌头。

广告定位直接引导者消费者的选择性。广告定位，即通过广告诉求，确定你的企业或产品在目标受众心目中的位置。奥格威将它定义为："这个产品是要做什么，是给谁用的。"一旦定位确定，广告内容和表现风格以及由此形成的品牌形象也就基本确定了。许多企业虽然花了不少资金进行广告宣传，而宣传的内容却与产品本身相去甚远，有的自吹自擂，有的故弄玄虚，消费者如坠云里雾里，不知所云。这正是因为忽视了广告主题定位所招致的结果。

广告定位的中心问题是使商品在消费者心目中确定一个位置。这种观念即完全把广告定位建立在对消费者的心理研究上，更加注重确立产品的独特地位。在市场上，充斥着大量的广告，他们通过各种方式来诱导消费者，目的就是促使消费者对产品产生选择性的购买。在这样的情况下，消费者的心理加工就会存在两个层面：一、他们会对众多的广告刺激进行自然过滤，对大多数广告定位没有反应，这是消费者的防御性心理机制在起作用；二、消费者要进行积极的选择性加工，寻找出能够满足自身需要的商品。明白这一点对营销者有好处，因为消费者的需求只有针对具体的对象，才会转化为消费动机，才有可能物化为购买行为。针对这一点，广告定位的作用应该是提供针对性诉求，引导消费者的购买心理向认牌购买方面转化，而广告定位提供的商品正是"您的最佳选择"。

## 透析消费者心理，抓住真正具备消费能力的人

我们生活在一个信息过度传播的社会里，电视、报纸、杂志、网络、公交车站牌、公交车上、墙上……总之，抬头低头看到的都是广告。然而，人的脑容量有限，除非违背自然法则，把每天的 24 小时翻上一番，人们才能往脑子里塞进更多的东西。

更令人失望的是，真正有消费能力的人，基本上没有太多的时间去看电视，看报纸、杂志也是走马观花，上网更是没有

时间。上网的大部分是高中生，看电视的大都是老人和孩子，老婆可能也有时间看，但在外面天天忙的老公是没有时间看的。在这个时候，把握住行业本质的人肯定就会成功。

有一天，诗人出身的江南春外出办事的时候被一张电梯门口的招贴画吸引住了。大家抱怨电梯很慢，等电梯时间往往很无聊。等电梯人的一句话提醒了江南春："如果有电视，人们在等电梯的时候就不会感到无聊了，效果也会比招贴画好很多。"江南春一下子被吸引住了，他想：我在电视上播广告怎么样？如果有比看广告还无聊的时间，我想大多数人还是会关注广告的。

发现了市场空白，江南春马上开始施行他的计划。2002 年 6 月到 12 月，江南春说服了第一批 40 家高档写字楼。2003 年 1 月，江南春的 300 台液晶显示屏装进了上海 50 幢写字楼的电梯旁。2003 年 5 月，江南春正式注册成立分众传媒（中国）控股有限公司，分众从此开始走上飞速发展之路。

对于如何发现蓝海并成就今日之分众传媒帝国，江南春称："其实关键要有洞察力。如果你是一个有心人，如果经常专注市场，你就会发现机遇。当你观察消费者——受众的消费形态时，会发现一些新的东西，当时我们看了户外，看到徐家汇都是户外广告，发觉也没有什么出路，后来我们想了想，是我们的思维模式有问题，一想到户外就想到地理位置。最后一点是要有颠覆性的思考，这可能和我以前写诗歌有关，要打破原来的逻辑，就可能会成为全新的东西。"

而在实际上，分从传媒能够有效打动观众，就是因为它不小心抓住了广告的本质——"分"和"无聊"。"分"是指在高级办公大楼贴广告牌、贴液晶显示器的时候，不小心就把这些不太看电视、报纸、杂志，也没时间上网的具有高消费能力的白领精英给圈进来了。"无聊"是指这群人在等电梯的时候，人太多，他们不太方便打手机，因为他们讲的话可能都具有某些重要的或者不能透露的机密；他们也不可能闭上眼睛休息一下，因为时间太短。所以，这群人在电梯间里面好像就只有干瞪着眼无聊。分众传媒不小心把广告放在电梯里面，刚好给了他们第二个选择。分众就在无意之中捕获了真正具有消费能力的大批白领精英、成功人士。

所以，短短 19 个月时间，分众传媒利用数字多媒体技术所建造的商业楼宇联播网就从上海发展至全国 37 个城市；网络覆盖面从最初的 50 多栋楼宇发展到 6800 多栋楼宇；液晶信息终端从 300 多个发展至 12000 多个；拥有了 75％以上的市场占有率。

2005 年 7 月，分众在纳斯达克上市，股价全线飘红。分众传媒市值高达 8 亿多美元，拥有 30％多股权的江南春，身价暴涨到人民币 20 多亿，一夜之间，江南春成了人们眼中的造富英雄。随后，江南春得到软银等风险投资商的注资，他带领分众传媒展开了大规模的收购行动。2005 年底收购框架媒介，2006 年初合并聚众传媒，之后收购凯威点告，2007 年 3 月收购好耶网络广告公司。仅仅用了 4 年时间，分众传媒就快速成长为行业内的领导者。

广告不在于多，关键在于你有没有抓住有消费能力的人群。如果抓不住的话，打再多的广告也只等于是打水漂。

## 广告的目的不是扩大企业的知名度

2008 年春节期间，恒源祥播出了一则非常雷人的广告，听完之后，很多观众都有种撞墙砸电视的崩溃冲动，这则广告制作其实很简单，就是在长达 1 分钟的时间里，反复地播着：“恒源祥，北京奥运会赞助商，鼠鼠鼠；恒源祥，北京奥运会赞助商，牛牛牛；恒源祥，北京奥运会赞助商，虎虎虎；恒源祥，北京奥运会赞助商，兔兔兔；恒源祥，北京奥运会赞助商，龙龙龙；恒源祥，北京奥运会赞助商，蛇蛇蛇；恒源祥，北京奥运会赞助商，马马马；恒源祥北京奥运会赞助商，羊羊羊；恒源祥，北京奥运会赞助商，猴猴猴；恒源祥，北京奥运会赞助商，鸡鸡鸡；恒源祥，北京奥运会赞助商，狗狗狗；恒源祥，北京奥运会赞助商，猪猪猪。”

估计读者光看完这串文字就已经倒地吐血了，何况还加上听觉的污染，实在是让广大的观众忍无可忍。但是恒源祥却认为，他们这是在尽力压缩成本，创造令人记住的传播效果，重复持续，宁愿被骂，也不会被忘记，这是恒源祥多年来的营销方针。品牌专家李光斗认为，虽然反反复复的几句广告语冲破了人们的心理底线，但恒源祥这则广告做法很聪明，并没有违规。可惜观众却认为：“广告的主要目的不仅仅是让消费者记住，而是让消费者看到广告后，就能产生购买产品的欲望！”一名新浪网友说：“如果不考虑消费者的感受还想建立品牌形象，太可笑了。”甚至有网友还扬言要抵制恒源祥的所有产品。这是恒源祥所始料未及的。

其实，做企业还是挺难的。不管企业有钱没钱，做广告的分寸都难以拿捏。如果广告没有好的创意，很难被人记住。花钱做广告就等于打水漂。应该说，恒源祥作为一个老字号企业，能赞助奥运会很不容易。但是如果打广告只是打产品或者企业的知名度，而不考虑受众的心理感受，将原本一个名牌产品沦为低俗化的炒作，只会破坏品牌的美誉度和顾客的忠诚度。这说明恒源祥还没有了解广告的本质，打广告的目的不仅仅是打产品的知名度，更重要的是要打出产品的精神。这也是很多跨国公司不愿意用我们国内广告公司的重要原因。

我们中国的很多企业轻而易举地就被宝洁那样的跨国企业淘汰，并不是因为我们不会做牙膏、牙刷、洗发水、洗衣粉、化妆品那样的非高科技产品。他们会做，我们也会，可是我们为什么连做个洗衣粉都比不过人家呢？这就需要从我们的广告上来找原因了。在整个宝洁的广告战略里，越往化妆品靠近，越需要感觉；越往洗衣粉方向靠近，越需要功能跟价钱的配合。比如宝洁的海飞丝、潘婷、飘柔等产品广告都做得非常好。海飞丝的去屑功能早已经深入人心。于是它又开始强调感觉，它的代言人几乎是一年换一次，从来不给海飞丝的洗发水用固定的代言人。为什么？因为怕一个代言人做了几年之后，大家会给这个产品定义一个固定的形象，这是最不好的局面。

随着我国生活水平和文化水平的不断提升，人们的审美和品味也必然会上升到某种高度，如果广告不能进入人的心灵，与人的灵魂发生美妙的触碰，而只是一些声嘶力竭的噪音，那它必然是一则非常失败的广告。高层次的广告打的是产品的精神。广告不是为了广告而广告，也不是街上叫卖的小贩，把握并挖掘产品蕴含的精神才是广告制胜的根本。

# 第二章
# 选对广告的表现形态，激发受众共鸣心理

## 用故事触动消费者的情感神经

巴洛克，是17世纪广为流传的一种艺术风格。它是豪华的，既有宗教的特色又有享乐主义的色彩；它是激情的，打破理性的宁静和谐，具有浓郁的浪漫主义色彩；它是运动的，运动与变化可以说是巴洛克艺术的灵魂……

似乎，人们很难把这些特征与冰冷的木地板联系在一起。然而，如果把木地板赋予奢华古典的韵味，再辅以精准的产品定位以及完美的品牌塑造，巴洛克地板在国内实现销售井喷，是意料之中的。

新生活家木业的实木复合地板因为尚未被消费者广泛了解，仅占到整个地板市场的极少份额，加之东南亚等木材出口国对于资源保护的法令的影响，木材特别是名贵木材的供应急剧减少，价格也一路攀升，实木地板行业的巨头们都受到了一定程度的冲击。为了将产品的优势转化为品牌的优势，巴洛克复古地板迎合了中国正在悄然兴起的消费大潮——新奢侈主义，抓住消费者情绪的律动，用手去爱巴洛克！提示消费者，这是一件高档物品，用脚走路的地板要用手去爱，用手去爱巴洛克！并提炼出卖点——“巴洛克地板，纯手工制造”作为品牌口号的副题。

在进行广告主画面创作的时候，巴洛克地板挑选了最具古典气息的性感模特作为概念表现的主题人物，演绎了一组生动

的古典美女与木地板的故事。

场景选在巴洛克风格的别墅里，以女主角暧昧的眼神、优雅的动作、复古的场景，展现巴洛特地板的高贵、风情和古典。由一组名人之间肌体亲密接触的画面，赋予了品牌独特的内涵：

《林徽因：触摸到梁思成的臂膀》：坚若磐石的硬度，不畏风雨的筋骨。你会以为是林徽因在触摸梁思成那有力的臂膀？不，她是在感受一块巴洛克木地板。光影变化，层层有质，正如古典建筑上的几何构件。

《陆小曼：恋上徐志摩的背肌》：凹凸有致的波浪曲线，闭上眼去触摸，仿似微微泛起的涟漪，即刻心动。你会以为是陆小曼迷恋徐志摩背上起伏的肌肉？不，她是在感受一块巴洛克木地板。精细的复古刻痕，带回流金岁月的欧陆浪漫。

《张爱玲：在亲抚胡兰成的手背》：自然古色，起伏有致，经脉分明，美丽生命的纹理历历在目。你会以为是张爱玲在亲抚胡兰成青筋凸起的手背？不，她是在感受一块巴洛克木地板。手工雕制，一点灵性，一点人间味，默默相传。

用这一系列的故事演绎，触动消费者的情感神经，让品牌真正进入消费者的意识版图。

在诉求产品质感、质量可靠以及人性化方面，广告人又创作了另外三个系列稿：

(1)《朱丽叶：就像吻她的爱人那样》：中世纪的月光，弥漫了整个维洛那城，和着阿诺河畔的风，偷偷溜进了朱丽叶的房间。梳妆台前的她有多迷人，一头棕色的丝发如月光流水倾泻下来。

朱丽叶静静地坐在地板上等待着。当她的指尖在巴洛克木地板上比画时，就仿佛触摸到罗密欧臂膀上那刚硬的肌肉，富于律动的质感。“哦，罗密欧！我的爱人。”她几乎忘记了就发生在早晨的噩梦，父亲下了狠心，要他们分离。现在，似乎一切都不重要了，她只想陶醉，哦！她已经陶醉，陶醉在梦里。

不知不觉中，她朝木地板深深吻了下去……就像吻她的爱人那样！画面：朱丽叶深吻地板。

(2)《埃及艳后：只想讨好自己的身体》：沿着塞当斯河缓缓上溯，霞光下的克娄巴特拉是爱神维纳斯，乘着一只装饰得金碧辉煌的大船，张扬着诱人的魅力。两岸的人们已顾不及手中的劳作，迫不及待地前来观赏这位埃及女王创造的奇观胜景。而她并不急于接见谁，更不需要讨好谁。在征服了恺撒、征服了安东尼之后，她却甘愿被一片巴洛克木地板征服，尽情嬉耍。画面：埃及艳后在地板上打滚。

(3)《茶花女：生命更应该浪费在美好的事物上》：19世纪的塞纳河畔，凉风徐徐。当阿芒说出“他现在还珍藏着玛格丽特六个月前丢掉的纽扣”时，她原已无爱的心再次动了真情。她递给了阿芒白色的茶花，作为定情信物。她很清楚，这个男人将是她这一生中的最爱。但不久以后，在她用巴洛克木地板装饰房间时，她改变了这个看法——其实生命更应该浪费在美好的事物上。画面：茶花女抚摸地板。

创意的故事来自于唯美的想象，这组广告衬托出了产品本身的价值感和奢华感，以人们心中最圣洁的爱情故事来凸显品位，不经意间就打动了消费者那根难以触摸的情感神经。

## 抓住年轻人的心

1886年诞生于美国的可口可乐一直是“世界饮料之王”，享有“饮料日不落帝国”的赞誉。但是，就在可口可乐如日中天之时，另一家同样高举“可乐”大旗敢于向其挑战的企业——百事可乐公司，也在与可口可乐的交锋中越战越强，二者最终形成分庭抗礼之势。

百事公司的竞争对手可口可乐始终处于行业“领导者”的地位，而百事可乐只能是“追随者”。要想让百事位居第一，彻底改变百事可乐“廉价仿制品”的形象，百事公司必须以一流的软饮料与可口可乐展开对抗竞争。

百事公司经过严密的市场调查后发现，“二战”后，美国诞生了一大批年轻人，他们没有经过大危机和战争洗礼，自信乐观，与他们的前辈们有很大的不同，这些年轻人对一切事物的胃口既大且新，他们正在成长，会逐步成为美国的主要力量。于是这些年轻人成为百事可乐的目标消费群体。

经过4年的酝酿，“百事可乐新一代”的口号正式面市。百事可乐旗帜鲜明地站在“新一代的美国人”立场上，推出了“现在，对于年轻的消费者来说，百事可乐正是你们的最佳选择”以及“奋起吧，你是百事可乐新时代生龙活虎的一员”的主题广告，并以歌曲形式通过电台、电视台反复咏唱：“今天生龙活虎的人们一致同意，认为自己年轻是‘百事可乐’，他们选用正确的、现代的、轻快的可乐，认为自己是年轻的人现在就喝百事。”以后，又进一步推出了“现在，百事可乐是年轻人的饮料”的广告口号，以及更富有诱惑力和鼓动性的“起来吧，你们是百事可乐年轻的一代”的震撼人心的口号。这些广告迎合了年轻一代充分显示自己朝气蓬勃、富于青春活力、做时代先锋的愿望，从而树立了百事可乐时代潮流和青春活力的象征，将其竞争对手可口可乐反衬为守旧、落伍、老派的代表。

当10年后，可口可乐试图对百事可乐俘获下一代的广告做出反应时，它对百事可乐的优势已经由5∶1减至2∶1了。而此时，百事可乐已经制定了进一步的战略，向可口可乐发起全面进攻，被世人称为“百事可乐的挑战”。

在20世纪的商战史上，没有比可口可乐与百事可乐之间的市场争夺战更激烈、更扣人心弦的了。两家占据世界饮料主导地位的企业以广告为旗帜，在全球掀起了一场又一场旷日持久的大战，创造了许多商界传奇。

“二战”后，美国青年萌生了强烈的叛逆心理，百事及时确定了“百事可乐，新一代的选择”的广告主题，树立青春活力形象，将竞争对手可口可乐反衬为落伍、老派的代表。一系列营销广告得到了消费者的认同，喝百事可乐成为美国的时尚。面对百事逼人的广告攻势和增大的市场，可口可乐如梦初醒。为了夺回大批年轻消费者，可口可乐推出了“罗素摇滚”广告，广告片以年轻人欢聚在一起喝可口可乐共度美好时光为主题。随后，又推出了甜蜜、纯洁无邪的广告主题，以吸引因越战而紧张的年轻人。其中一则最有影响的电视广告是，从全世界各国挑出种族肤色各异的500名儿童，让他们聚集在意大利的一座山坡上齐声高唱：“我愿为全世界买一瓶可口可乐。”广告获得了最佳宣传效果。

在百事可乐与可口可乐的广告大战中，有一个重心——那就是年轻人。因为年轻人是时尚、活力的代表，这个群体的人引领着消费的潮流，他们既能为年老的前辈提供时尚的方向标，也能引导年少孩子的消费观。他们是一个非常特殊的中间阶层，抓住了他们的心，也就带动了大片的消费者。所以，在广告中，我们要多考虑年轻人这个群体的消费引导。

## 亲情广告，温情脉脉地包围消费者的心

麦当劳的红底黄字“M”招牌早已是都市的一道亮丽的风景线，无论你走在世界的任何一个角落，黄色“M”的身影都会闯入你的眼帘。

其实，细想起来，麦当劳的产品并无过人之处。在快餐业竞争日趋激烈的今天，麦当劳之所以能称霸世界，赢得众人皆知的非凡地位，主要靠的是它的“秘密武器”——不是每家餐厅都有，却是每个顾客都需要的——温情感觉。

在麦当劳公司成立之初，麦当劳的广告宣传主题与大多数广告一样，集中表现的是产品和引用高科技、自动化的生产过程等，这也曾经引起许多顾客的兴趣。但是，精密电脑控制的生产线上不停制造的食品，服务人员机械呆板的忙碌操作，很

快被人们所熟悉并令现代人产生厌倦，于是麦当劳的生意也趋于平淡。他们通过调查研究发现，仅仅依靠机械化快节奏，以节省用餐时间，是难以长久吸引顾客的，温情和家庭气氛才是顾客的永恒追求。

一直以来，麦当劳聚焦的都是以“三元家庭”为主的目标顾客群，广告宣传的销售诉求集中在“合家欢”上，并且成功地确立了“家庭快餐”的标杆品牌形象。麦当劳又是以“儿童”为对象启动家庭市场的，这种巧妙的方式备受市场推崇。

麦当劳有一则广告“午餐吃什么?”图中房屋拐角放着一个书包，但书包的小主人不知道哪里去了。广告巧妙地将书包的两根背带很自然地“定格”在那里，自然地变化成了一道金色的拱门，似乎书包用“哑语”在暗示：小主人丢下它跑去吃麦当劳了。创意的诉求将书包和麦当劳的目标市场自然地结合在一起，用静止的书包呈现出的M字样和受众建立起了内在的联系，并留给受众无限的想象空间。

麦当劳的广告词紧紧围绕着“家庭”和“儿童”进行设计，先后使用过的广告词语是：“常常欢笑，尝尝麦当劳”，“欢乐、美味，尽在麦当劳”，“麦当劳，欢聚欢笑每一刻”，构建了麦当劳一贯的欢乐、温暖、亲切的品牌形象。

麦当劳将温情注入了“M”之中，他们通过大量的广告宣传和促销活动，把温情送给了顾客，使顾客一看到黄色的“M”和麦当劳叔叔，就想到家，就想到温情。以情感人，使麦当劳获得了成功。

俗话说：“谁拥有了孩子的心，谁就占有了市场。”麦当劳可谓深谙此道，营销策略采用攻“心”为上的亲情化营销策略，在创造温馨的家庭氛围和浪漫的美妙环境的同时，更贴近了顾客的心，从而顺利占领市场。

由于亲情先天带着温情，带着温暖，所以亲情广告往往在不经意之间就能让人升起暖暖的心动。在做亲情广告的时候要注意把握以下几点：

（1）主题要展现信息和创意，要有足够的吸引力。

（2）文学性的语言更能营造亲情的氛围。

（3）整个广告要有完整的信息和深度诉求，代言人的语言、性格、气质要与整个场景相符。

（4）亲情广告“情”字当先，但也不能游离于产品之外。

## 致力于沟通，而不是销售诉求

今天的耐克是家喻户晓的国际大品牌，而在耐克公司刚成立的时候，规模还很小，随时都有倒闭的可能。在短短几十年内耐克就迅速成长为大型的跨国集团，在运动鞋市场上其市场占有率独占鳌头。在其迅速成长的背后有什么秘密呢？对此耐克创始人解释道：耐克公司注重沟通效果的广告，使耐克品牌深受众爱，迅速成长。

在1986年的一则耐克充气鞋垫的广告片中，耐克公司突破了一味宣传产品技术性能和优势的惯常手法，采用了一个崭新的创意：由代表和象征嬉皮士的著名甲壳虫乐队演奏著名歌曲《革命》，在反叛图新的节奏、旋律中，一群穿戴耐克产品的美国人正如痴如醉地进行健身锻炼……这则广告准确地迎合了刚刚出现的健身运动的变革之风和时代新潮，给人以耳目一新的感觉。耐克公司原先一直采用杂志作为主要广告媒体，但自此以后，电视广告成为耐克的主要“发言人”，这一举措使得耐克广告更能适应其产品市场的新发展。

广告变法的成功，使得耐克公司的市场份额迅速增长，一举超过锐步公司成为运动鞋市场的新霸主。耐克的长期竞争对手锐步公司也不得不跟着效仿，像耐克一样强调沟通风格而不仅仅是产品功能，同时锐步公司改用ChiatDay公司作为广告代理商，以图重振昔日雄风。然而，这一切均无济于事，抢先一步的耐克公司产品的风格和优点已在消费者心中占据了不可动摇的地位。

耐克广告变法的成功为其赢得了市场和消费者，但更重要的是耐克公司在变革中，逐渐掌握了广告沟通艺术，形成自己独特的广告思想和策略——必须致力于沟通，而不是销售诉求。这一策略与大多数美国公司的广告策略是完全不同的，但正是这一独特的策略和做法，使得耐克公司在市场中不断成功，迅速成长。

由此可见，在商品同质化、消费个性化日益成为趋势的今天，这就要求企业要通过各种方式及时、充分地向消费者提供关于产品的信息，以引起消费者的购买兴趣。而一则成功的广告无疑显得尤为重要。

那么，什么样的广告才算是成功呢？这就要求其符合三个标准：

第一，要引起目标消费者共鸣，进而引起销售热潮。

第二，一个好的广告要有一个直接的、清晰的观点。很多企业高层，希望在一个仅仅15秒的广告里面放上几十个想要表达的东西，其实这就会造成信息传达的模糊、不准确。消费者很难记住你到底想说什么。

第三，一个好的广告一定要在创意表现形式上战胜竞争对手。

把握这三点，才能让你的广告一鸣惊人，使你的产品深入人心，最终成为同类产品中的赢家。

# 第三章

# 不同类型广告的心理效果解码

## 网络广告：注意那些令人意想不到的视觉盲区

人们在观察景物时，视觉的第一印象就是对色彩的感觉，色彩是最能吸引眼球的诱饵。同样，当面对纷繁的广告画面时，在第一时间最能吸引人的也是广告的色彩。恰当地运用广告色彩，对于提高和强化广告中产品或劳务的认知性、情感性和审美性有着重要的作用。

然而，很多人都会忽视那些因为惯性认知行为所导致的令人意想不到的视觉盲区。Benway 和 Lane 研究小组研究的“广告盲区”课题结果表明：实际上，人们更容易忽视那些大幅的、闪动的、五颜六色的在页面顶端的广告。

广告盲区的研究证明，在预测人们的行为时，实地观察的重要性远远大于逻辑本身。人们往往只肯按照自己的惯性而不是我们的逻辑分析和主观愿望来做出反应。在大多数情况下，人们只服从于自己的利益、需求、情绪等内在因素。如果一个东西太大、太明显，反而容易被漏过。这一点其实早已被每一个了解神探福尔摩斯的人所熟知。

比如网络广告，很多人都会误以为把“重要信息”的链接做成大号、粗体、五颜六色的模样就会引起消费者的重视。但实际上只有很少的一部分人会去注意这些粗体的显眼的包含他们所需要信息的链接。

大而显眼的东西为什么似乎不能引起人们的注意？包含着

重要信息的标志其实是被看到的，但是人们会迅速滚动鼠标绕过它们去看那些纤细的、单色的、不显眼的地方。事实上，是否忽视重要信息与大小、鲜艳程度并无多少关联，而是取决于人们的心理期盼和行为方式。

大多数人去一个网页寻找“重要信息”链接的时候，第一步通常是缩小范围，找到关注面，进而找到关注点。人们会通过潜意识和对当下环境的判断来指导自己的搜索。比如，当你寻找眼镜的时候，你不会盯着天花板去寻找，而是到地板上或者是桌子上去寻找。同样的道理，在寻找链接的时候，人们并不是朝着那些大幅朝他抛媚眼的标语去寻找，因为那并不是网页链接所应该在的位置。

人们的注意力模式在重要信息定位方面是极为出色的，可以用很少的信息来确定它们的最佳焦点。正常情况下，这套行为系统都会良好运转，但是一旦有什么意外信号出现，人们往往容易忽略这些与既定模式不相匹配的信息。

那么如果你想让你的广告显眼，位置突出，你应该怎么做呢？研究发现，人们阅读网页的习惯与阅读印刷物的习惯非常不同：在网页上，人们总是从头开始，但往往只读一点点就不再读下去了。因此网页设计者应该按照“倒金字塔”的结构来写作，即先写最关键的点和结论，然后再写次要的，背景资料则放在最后。类似结构也应该适用于链接的列表，将最重要的置于顶端，最不重要的放在最后。

“广告盲区”的发现再次肯定了连贯性、一致性的规律，以及服从已有惯例的重要性。因此，网页广告的设计者们应该更好地服从一个清晰的、连贯的概念模式，与之保持一致。这方面，运用首位法则来实现显著效果：就是说把最重要的内容放在第一位——最上面。

## 隐性植入式广告，让品牌随着剧情深入人心

在《一起来看流星雨》开播后的前几集里，平均五分钟一次的与剧情毫无关联的广告频率，从健身房到越野车，从奶茶到电脑，从旅游景点到玩具公仔，真是吃穿住行，想植就植，中国网友的娱乐精神再一次得到很好的发挥：观众们，《流星雨》喊你回家看广告！

芒果制造的H4们代替了风流倜傥的台湾版F4，山寨风格的《流星雨》被网友们从内到外批了个天翻地覆：“服装土得掉渣就像地摊货，端木磊的上衣居然还有蕾丝边，上官瑞谦穿着国产品牌的过时篮球鞋在那里炫耀；最可笑的是他们开的车也只是几万块的国产赞助车，还在惊叹‘好棒的车子哟’；不见带有游泳池的豪宅，只见普通的公寓套房；H4们的业余娱乐就是在网吧里打电子游戏……我看这部剧应该叫《乡村花园》!”

剧中无处不在的植入性广告也把网友们雷了个外焦里嫩，有人调侃这简直就是一部广告剧。据细心的观众统计，《一起来看流星雨》截止到第4集，剧中共出现了至少12个不同品牌的“30秒广告”，创下了国产电视剧广告植入数量之最。而植入广告出现的频率也创下了纪录——大致为5分钟1次。为了表现某款新车的越野与赛车功能，足足动用了8分钟的时间；为了宣传某GPS导航装置，主演还把半本书大小的这个装置带在身上……

在这部雷剧中，各类植入广告可谓无处不在：

(1) 球鞋：男演员一个漂亮的转身投篮，获得了阵阵喝彩，他说：“全靠了我这双鞋！”随后该鞋获得了长达30余秒的特写。

(2) 汽车：第一集，男主角拄着拐杖直奔汽车销售大厅，镜头给了汽车品牌特写。第二集中，只见男主角们驾驶4辆该款汽车，“风驰电掣”地飙车。

（3）洗发水：女主角在超市购物时，镜头里全是某品牌的洗发水。后来女主角被人浇了一身水，碰到了音乐老师，老师说：“你有一头漂亮的头发，怎么能任由它乱糟糟的呢，你应该用蚕丝蛋白来护理。”接着老师就拿出一瓶洗发露，镜头给了该品牌大特写。

（4）服装：女主角走在大街上，路过一家商店，突然该店的员工吼了一句：“×××××，不走寻常路！”

……

吃喝穿戴住行用，只要是人用的，没有《流星雨》不植入的。不过它高明的地方在于，这次不是古天乐喝一口百事可乐，张柏芝拎一款名牌包包那么简单地植入，而是直接植入了剧情，为符合植入品的特质，男主角变成赛车狂人，女主角的妈妈开起了奶茶店，云海与瑞谦为一双篮球鞋上演飞人大战，这些情节的设置使得植入物品的出镜率以几何倍数递增。虽然雷倒了不少观众，但是其广告效果还是非常明显的。比如清华同方就是因为剧中女主角使用的同方笔记本而在市场上掀起了一股此款笔记本的销售热潮。

目前，各电视频道纷纷以增加广告时长的方式维持收入增长，广告发布环境日趋复杂、环境噪音增大、广告接触率严重下降，形成了广告拥堵的局面。对于广告的受众来说，消费者在广告轰炸下，显示出愈来愈明显的离心倾向和逆反心理，充满对广告的不信任感，对各种营销信息表现得越发麻木和冷漠。硬性的品牌形象广告很难持续激发消费者的热情，品牌联想缺少有效的更新，品牌容易被视作“老迈品牌”，失去年轻的消费群。

在这种情况下，植入式广告就成为进入受众心智的新形式。植入式隐性广告往往能起到比传统广告更好的效果，来吸引消费者的注意力。有调查表明，美国2/3的电影电视业收入来自于广告部分，电视剧有75%的资金来自植入式广告。一项市场研究报告亦显示，中国本土近70%的观众不排斥电影电视广告。在影视广告植入中，我们可以采取如下几种方式：

**一、直接上广告**

比如电影《手机》有一情节直接加播了中国移动的电视广告片段。

**二、产品露一脸**

让广告产品出现在背景环境中或者出现特写镜头。如热门电影《40岁处男》中就出现过男主角身穿的SMATTECH牌T恤、电子游戏《超级玛丽》、索尼CD播放器等产品的背景和特写镜头。

**三、影片台词**

让产品名字直接成为影片台词。如《阿甘正传》的一句经典台词“见美国总统最美的几件事之一就是可以喝足‘彭泉’牌饮料”。

**四、产品在情节中出任角色**

如007系列电影中，“阿斯顿·马丁”“莲花”“宝马”都扮演过007的坐骑。

**五、产品广告作为情节道具**

如《廊桥遗梦》中传情达意的尼康相机，一共出现了17次；曾经轰动一时的韩国影片《恋风恋歌》不但刺激了济州岛的旅游，其中男女主角的围巾、服饰也引来大批影迷效仿，一时成为时尚。

不过需要注意的是，选择不同的影视节目，会带来不同的传播效果。品牌的传播效果既受影视节目自身的社会影响力的影响，还受到节目情节与品牌植入的关联度的影响，关联度高，观众就容易接受，而且容易和剧情一起产生记忆，传播效果就会好；和剧情关联度太低，会显得生硬，容易引起反感。

## 杂志广告：需要扣人心弦的创意

百威啤酒是在美国及世界最畅销、销量最多的啤酒，其长久以来居于啤酒业的霸主地位，与其卓越的市场策略和广告策略有着重要的关系。

在百威进军日本市场时，广告对象主要设定为25～35岁的男性，他们平常都喝啤酒以外的烈酒，对运动与时装非常有兴趣，喜爱各种各样的休闲活动。这一对象群的设定与百威啤酒原本就具有的“年轻人的”和“酒味清淡”的形象十分吻合。

在设定目标后，百威把宣传重点放在了年轻人关注较多的杂志广告上，并推出特别精印的激情海报加以配合。广告的诉求重心则是着力于强化品牌的知名度，以突出美国最佳啤酒的高品质形象。在行销的第一、二个阶段里，传播概念都围绕着一句话“全世界最有名的高品质啤酒”，视觉重点强调在标签和包装上。

百威广告在表现上运用了扣人心弦的创意策略，即将百威啤酒融于美洲或美国的气氛中，如辽阔的大地、沸腾的海洋或宽广的荒漠，使观众面对奇特的视觉效果，产生一种震撼感，从而留下深刻的印象。这种策略在第一个阶段里被运用得非常有技巧。在第二个阶段里，创意方向则针对美国风味加以渲染，以造成强大而新鲜的感觉，以勾起目标对象的渴望。

在第一阶段里，广告主题是：“第一的啤酒，百威”，标题是“我们爱第一”。到了第二阶段，广告的主题改为“百威是全世界最好、最有名的美国啤酒”，广告标题则变成“这是最出名的百威”，标题还印在啤酒罐上，只要拿起罐子就可看到。

百威推出的多种不同且恰如其分的广告，博得了消费者的好感，也使在1981年才进入日本市场的百威，第二年就在日本进口啤酒中名列前茅，1982年销量更是比1981年增加50%，1984年就取得了销售200万瓶的业绩。很快，百威便打进了日本年轻人的文化阵地，使之成为一种时尚消费和身份地位的象征。

在杂志上获得成功之后，百威接着向海报、报纸和促销活动进军，几年后才开始启用电视广告促销。

现在，日本年轻人早已把百威啤酒当作自己生活的一部分。他们从过去的追逐时尚转为超前领先，他们形成了这样一种意识，百威是年轻人的，是这个“圈子”的一部分，我们应该让所有的人了解它、热爱它，因为它属于我们。这就是百威啤酒的高明之处，不仅让年轻人享受了高品质的啤酒，还让他们在心理上得到了满足和尊重。

## 新媒体互动广告：拉近与消费者的距离

美宝莲在世界大众彩妆品牌的领先地位，成就于它彩妆产品的多样性和高品质。不过，在美宝莲的品牌形象传播中，不可不提的是它的新媒体整合营销传播。

2008年，在各大城市的地铁、公交车厢内，一则“美宝莲”的视频广告吸引了人们的眼球——Mabel（美宝）约会视频，视频内容根据女主角Mabel的约会对象特质和美宝莲的睫毛膏色彩种类，分为四个不同篇章，并设计了“约会突发状况情境”来传达产品的“防水”特性。当受众饶有兴趣地欣赏完约会视频后，屏幕上出现一条文字提醒：“你觉得Mabel最适合和谁交往呢?”并在屏幕下方附上投票网址。

和大家以往见到的美宝莲电视广告片不同，这一次它采用的是一则互动广告。首先，美宝莲具备任何可以进行“互动营销”的品牌特质：高品质的产品，具有竞争力的功能、质量、价格，完善的渠道、服务等。除了互动视频广告之外，美宝莲还采用了多种传播方式，其中尤其注重对新媒体的运用：2.0是新媒体；博客是新媒体；视频是新媒体；手机是新媒体；分众也是新媒体……新媒体大家庭的成员越来越多，终端也越来越多，交互性越来越多。美宝莲是如何通过运用新媒体为品牌传播服务的呢？选择只有一个：整合营销。

视频广告后简短的一条讯息就将“接受”过渡为“交互”，并巧妙将“终端”转移至“网络”和“手机”，通过 POCO 网这一以图片兴趣聚合同好的社区平台实现了从传统的“视频单向广播”到一种互动传播方式的转变。

在 POCO 网的美宝莲投票互动平台上，除了可以替视频主角 Mabel 投票选择男友外，还能欣赏“化妆视频”，体验“恋爱测试”，了解更多美宝莲产品。美宝莲选择 POCO 网这一 Web2.0 网站投放，除了看重 POCO 网用户基数大、流量高，用户层年轻时尚的特性，更是为了避开门户、娱乐、视频网站用户分散、人群广泛、互动度相对低的不足。而这种基于体验的社区互动，与美宝莲整体市场策略和公关计划相结合，与 POCO 网的受众利益和兴趣点相结合，多种新媒体整合的沟通方式连续性地与用户进行互动，教育并引导用户产生购买行动，同时对品牌、产品及服务产生有效认知。

美宝莲花了最少的钱，去整合尽量多的资源，并且通过多种传播方式影响受众，尤其是选用互动性强的新媒体，充分利用整合营销传播技术，达到了广告传播效果的最大化和最佳化。

较之于传统媒体，新媒体自然有它自己的特点。我们在运用新媒体广告进行互动传播时，需熟知新媒体的特点，以便达到更好的整合与传播效果：

（1）手机媒体。如今的手机已不再单单是通讯工具，它还担当起了“第五媒体”的重任。手机已经成为集合着通讯、视频、上网等功能的强大的掌中媒体。

（2）IPTV。IPTV 即交互网络电视，一般是指通过互联网络，特别是宽带互联网络传播视频节目的服务形式。互动性是 IPTV 的重要特征之一，IPTV 用户不再是被动的信息接受者，可以根据需要有选择地收看节目内容。

(3) 数字电视。作为新媒体之一的数字电视同样在吸引着人们的眼球，快速增长的数字电视用户为传媒的发展提供了新的发展平台。

(4) 移动电视。移动电视具有覆盖广、反应迅速、移动性强的特点，除了传统媒体的宣传和欣赏功能外，还具备发布城市应急信息的功能。另外，对于公交移动电视来说，“强迫收视”是其最大的特点。移动电视正是抓住了受众在乘车、等候电梯等短暂的无聊空间进行强制性传播，使得消费者在别无选择的情况下被它俘获，这对于广告的传播效果或许更佳。

(5) 博客。从2002年博客正式在中国兴起以来，博客突破传统的网络传播受到了越来越多的关注。由于博客个人性和公共性的结合特点，这一新媒体的商业价值正在被越来越深入地挖掘。

## 垃圾时间里的广告效益

出生于俄罗斯的美国企业家雅各布·巴罗斯基，是阿德尔化学工业公司的总裁。他之所以闻名于世，与其说是研发了液体洗涤剂，不如说是因为开发了电视非黄金时段的广告效益。他被公认为是一位广告业的领路人。

第二次世界大战以后，巴罗斯基发明了一种称作莱斯托尔的家用液体洗涤剂。产品一问世，他就通过报纸和广播做广告，但效果不太好。后来，他将眼光转向了电视。20世纪50年代末期的美国，电视机已较为普及。做电视广告需要相当的财力，尤其是在晚上6时到10时的黄金时间里做广告，费用要数倍于晚上6时以前10时以后的垃圾时间。

面对费用昂贵的黄金时间和阿德尔公司的有限财力，巴罗斯基没有气馁。他毅然取消了一切报刊和广播广告，集中财力同公司所在地的霍利约克电视台签订了一个1万美元的合同，为期1年，每周30次垃圾时间，高密度大做莱斯托尔洗涤剂的广告。连续播出两个月后，市场销量大幅度上升。巴罗斯基立即向银行贷款，在临近的斯普林菲尔德和纽黑文两大中心城市进行电视广告宣传，使企业和产品的知名度得到大大提升。

次年，巴罗斯基把垃圾时间电视广告大战从点推向面。他在曼彻斯特、波特兰、普罗维登斯等一些中型城市里，展开了高密度闪电式的垃圾时间电视广告宣传。调查表明，广告所涉及的这些城市，80％的家庭主妇选择和使用了莱斯托尔洗涤剂。

巴罗斯基善于把握商机，之后两年，他又雄心勃勃地凭高密度广告宣传挺进大城市，攻克大市场。一方面，他集中销售力量横扫费城、克利夫兰、巴尔的摩、底特律等特大中型城市；另一方面，他将战线从东扩大至西部、南加州，建立起庞大的销售系统。4 年时间里，巴罗斯基的垃圾时间广告宣传总量遥遥领先于多年居于广告大户榜首的可口可乐公司。

在被美国广告界称为“4 个不可思议的电视年”里，莱斯托尔家用洗涤剂的销售额激增到 2200 万美元。巴罗斯基从高密度饱和式的电视非黄金时段中赢得了扩大销售 4 万倍的黄金效益。电视本身也因为巴罗斯基的开发而提高了垃圾时间的价值和效益。

要想使用电视广告手段达到宣传目的，无非是通过绝佳的广告引起人们的注意，或者是占据大量的广告时间频繁上镜，让消费者熟悉我们的产品。垃圾时间里的广告费用相对于黄金时间里的广告费用便宜得多。

# 第七篇

# 创业经营心理学

# 第一章
# 别把野心当梦想

## 后悔总在错失时，做事犹豫不决

20世纪末，空调大战刚结束，张近东就召集公司骨干开了一次长期的封闭式会议，其主题是：充分研究连锁业态的发展、网络拓展的方向，同时对过去连锁探索过程中的一些问题做出总结。其间，还专门请外部专家来谈互联网和无店铺销售的问题……事实上，正是这次会议的决策造就了今天苏宁的辉煌和未来苏宁的希望。

早在此之前，张近东就敏锐地发现并提出中国的商业即将进入“终端为王”的时代，谁掌握了零售渠道，谁就扼住了市场的咽喉。对经销商而言，谁拥有终端网络，谁就能获得经济发展的优势，谁就拥有对市场的掌控权。从市场角度看，从生产到消费应当有一个完整的行业配套和供应链体系。而构建这个逆向物流网络的最佳方式就是建立大规模的零售终端体系，而建立大规模的零售终端体系的方法就是连锁。也就是说，在新形势下，苏宁做大、做强的最佳途径就是全力发展连锁经营。

于是，没过多久，张近东便开始着手全面制订和大规模实施全国连锁经营战略。这时的苏宁刚从单一的空调批发转向综合家电零售，现在又要马不停蹄地转向全国性连锁经营。对此，社会上很多人都不理解，认为张近东“胆子忒大”，根本不考虑市场规律。就是苏宁内部人员中也有许多人不理解：有人担心苏宁缺乏进行全国性推广的基础；也有人认为，在国内特别是业内还没有成熟的经验，苏宁率先去做，风险太大，应该再等等看……针对这种情况，张近东果断做出决定：全力搞连锁经营，谁要不配合，就“杀”谁！

最终，苏宁全国连锁经营的大决策就在张近东的当机立断下被敲定，而苏宁电器也最终迎来了又一次的飞跃。如果张近东和一般的管理者一样，在时机到来的时候，还纠缠于“国内没有这种形式”“做砸了怎么办”等这些问题，那么或许就没有今天的苏宁了。

美国著名钢铁大王卡内基曾说：“毫不夸张地说，今天企业成功的关键，已不是资本和技术方面的问题，而是有关战略和政策方面的决策问题。”一流管理者的第一能力，就是决策能力。一个管理者，最重要的能力不是营销，也不是财务，而是善于当机立断做决策。因为，如果管理者不能及时、快速地做出决策，可能不仅会失去一个取胜的机会，很可能还会失去自己的生存空间。

机遇总是转瞬即逝。在机遇面前是否能果敢地进行科学决策，对企业的成败起着至关重要甚至是决定性的作用。中国儒家讲求“天时、地利、人和”，兵家讲求“势”，道家讲求“道”，这些都是在说，良好的机遇至关重要，一个优秀的管理者在机遇降临时要学会冷静分析，果断将其抓住。

古语有云：当断不断，反受其乱。对于一个管理者来说，必定有千头万绪的事情等着他做出有效而且迅速的决断。面对这种情况，我们有些管理者，总是感到力不从心，下决断时犹豫不决，抓不住机遇。因为错失了机遇，所以执行决策时收不到良好的效果。这时，他们总是非常遗憾地说：“早一点做决断就好了。”一流的管理者之所以能够成功，就是因为他们明白：遇事要冷静，当机要立断，否则将可能造成无法挽回的损失。

总之，决策需要承担风险，开始决策时难免会做出错误的选择，但是，只要在51%的时间里判断正确就总比无所事事强得多。要养成思考设疑的习惯，对日常工作中遇到的每个问题多问几个为什么，考虑这样处理还会出现什么问题，然后从实际出发，逐一加以解决。能够经常做到思考设疑，不但会防止决策工作中的简单粗率，而且长此以往，会渐渐激发出创造力。通过多次实践，会提高判断力，提高做出正确决策的能力，最终使绝大部分时间里所做的决策准确无误。

## 以己为大，不喜反思及自我审查

应该说，创业者都是比较优秀的人。正是因为优秀，才具有创业的基础。但是，如果创业者在创业过程中，始终强调自我的优秀意识，以己为大，做事武断，不善反思，忽视自我审查，其结果必然是失败。因为创业的过程就是学习先进、弥补不足的过程，只有善于自省的人，才能真正做大。

成功团队的管理者会提供给所有成员双向沟通的舞台。在这个舞台上，每个人都可以自由自在、公开、诚实地表达自己的观点，不论这个观点看起来多么离谱。因为他们知道许多伟大的观点，在第一次被提出时几乎都会被冷嘲热讽。当然，每个人也可以无拘无束地表达个人的感受，不管是喜、怒、哀、乐。

惠普公司原总裁格里格·梅坦曾说：企业的领导不能成为团队的主宰者，尽管企业的领导具有超强的能力，是团队中英雄级人物。他说："作为领导者，我对该组织的构想当然重要，但是仅仅有我的构想还不够。我的观点是我最重要的领导资产，同时也给我带来了最大限度的限制。我认为，老板是轮毂，员工是轮辐，员工之间的谈话以及人际关系的质量是轮边。如果因为同事之间不能解决相关问题，所有的决策都需要通过轮毂，那么这个组织创造价值的能力就会受到老板个人明智程度以及时间的限制。这显然不能造就高效运营的团队。为了创造一种'轮边'会谈，老板就必须有意识地说明什么事情应该由轮毂来解决，什么事情应该由轮辐来解决。”

他还举例说明：那些来自世界各地的员工在伦敦相聚，作为老板的他并不参与，因为他们正在寻找解决一个复杂并且有争议的问题的方法，他已经为他们创造了这一“轮边”会谈，他不希望因为自己的出现而使会谈没有结果。后来，果不其然，他们的会谈很成功。

一个高绩效的团队必然是一个群策群力的团队，在这个团队中，成员之间不仅彼此了解，而且还能真正产生合力。群策群力的团队不仅能够使管理者的管理工作变得轻松起来，因为有了大家的献计献策和一起努力，工作上的各种问题很容易得到解决，而且还使企业的发展始终保持在正确的方向上。相反，在一个由管理者充当个人英雄的团队里，企业很容易进入发展的误区之中，直至企业灭亡。

曾几何时，“万家乐，乐万家”的广告语响彻大地，空调行业对拥有热水器行业龙头品牌背景的万家乐空调寄予了厚望，期望万家乐带领民族企业在国际市场上创造奇迹。在万家乐空调产品于2002年3月15日上市之后，广大的经销商就投入到销售万家乐空调的队伍中。然而，好景不长，万家乐空调在国内空调市场上销售了一年多之后，于2003年年底爆出被珠海市中级人民法院查封的消息。

一颗冉冉升起的品牌瞬间陨落，万家乐的失败就是典型的因为个人英雄主义主导团队而引起的失败。万家乐空调老板陈雪峰是个典型的具有“个人英雄主义和独裁治理”特征的人。在陈雪峰的心中一直隐藏着像张瑞敏、李东生、黄宏生一样，做中国家电业的顶级风云人物的野心，因此他独断专行，不纳谏言，在公司战略上以卵击石，以微薄之力进军大家电。在公司内部治理上，陈雪峰自高自大，以为凭借自己的个人英雄主义可以吞并天下。陈雪峰从来都听不进业内资深员工的忠告，动辄对员工大发脾气。在人员使用上，陈雪峰仅凭自身好恶任意任免高级管理人员。由此带来的影响是，万家乐空调的品牌负责人换了一任又一任。公司的企业文化不成体系，缺乏企业精神和足够的凝聚力，导致中下层员工缺乏归属感，结果公司上下人心涣散，最终落了个失败的下场。

创业者要想避免陷入个人英雄陷阱，就必须善于学习和经常自我审查。学习先进和自查不足是提升创业能力的两种重要途径。孔子说："见贤思齐焉，见不贤而内自省也。"意思是说：见到贤人就想要和他一样，即择其善者而从之，驱使自己努力赶上；"见不贤而内自省"是说坏的榜样对自己的"教益"，其不善者而改之，见人之不善就引以为戒，检查自己有没有这一类劣行，进行自我反省。

TCL总裁李东生就是一个善于自我反省的人。TCL曾在推行国际化进程中遭遇挫折，对此，李东生在公司内部论坛上发表了系列文章。文章通过《鹰之重生》这一故事不仅分析了TCL遭受挫折的原因及存在的情况，还深入探讨了在当前现状下通过什么样的方式实现"涅槃重生"。更为可贵的是，在系列文章中，李东生进行了深刻的自我反思：比如：为什么以变革创新见长的TCL却开始裹足不前？为什么我们引以为豪的企业家精神和变革勇气却没有起到应有的作用？为什么我们对很多问题其实都已意识到，却没有勇敢地面对和改变，以致今天我们面临很大的困境，以致我们在不得已的情况下再次进行的改革给企业和员工造成的损害比当时更大？

面对这些问题，李东生明确指出自己应该承担主要的责任。没能在推进企业文化变革创新方面做出最正确的判断和决策；没有勇气去完全揭开内部存在的问题，特别是这些问题与创业的高管和一些关键岗位主管、小团体的利益绞在一起的时候，没有勇气去捅破它；在明知道一些管理者能力、人品或价值观不能胜任他所在的职位的时候，他没有果断地进行调整；并且还针对公司出现的一系列问题总结自己的管理失误，进行反思。

学习先进能够使创业者减小与领先者的差距，而自省和自查则能使创业者最大限度地避免失误。李东生的深刻反思使他认识到当时企业存在的重大问题，通过在企业组织内部进行充分讨论，李东生找到了解决这些问题的方法，为TCL的下一步发展指明了方向，使TCL像鹰一样获得重生。由此可见，无论是对企业组织还是对管理者个人，内省是实现提升的重要途径。创业要想成功，就必须做好内省这门功课。

管理学大师亨利·明茨博格曾说：管理者的工作不是我们想象的那样，管理必须在不断地自省中改进。领导学专家唐·劳里和罗恩·海费茨也明确提出领导即学习。创业者要做好管理和领导工作，必须从自省和学习开始，真正成为“对结果负责”的管理者，成为让“理想变成现实”的推动者，只有这样，管理和领导工作才能卓有成效。

## 自己吓死自己，做事缺乏冒险精神

创业本身就是在进行冒险，其失败率是很高的。在美国，每年有几十万人开公司，每年也有几十万家公司倒闭。常常有人说，创业的成功率小于癌症的治愈率，是不无道理的。在市场经济大潮中，机会与风险共存。立志创业，必须敢闯敢干，有胆有识，才能变理想为现实。

走近富豪，我们发现，冒险精神几乎已经成了每个财富故事里必不可少的英雄的宝剑，也许是有意识地狂赌未来，期待更大的收益（因为收获总是与风险成正比），也许只是命运的车轮迫使这些财富英雄不得不挑战极限。几乎可以这样认为，冒险精神已经融入了这些富豪们的血液。他们就像丛林中的豹子，一有机会，就会窜出去，一拼到底。

2002年《中国大陆百富榜》上名列第42位的黄巧灵认为，他成功的每一步都与一个品质有关，那就是冒险精神。黄巧灵不止一次地告诫年轻人：做可能还没有人做过的事情，成功的可能最大。

对于自己的冒险经历，黄巧灵最津津乐道的就是他在宋城这个项目上“舌战群儒”的故事。宋城项目的创意很别具一格，黄巧灵想要做的事情是在杭州把描绘宋朝文明的绘画巨著《清明上河图》复制出来，做成一个主题公园，做成一门生意。他认为，如果他的这个项目在杭州成功，这个中国著名旅游城市的巨大的旅游资源将会给他带来滚滚的利润。不过，黄巧灵虽然对宋城这个项目很有信心，但他还是承认，这一把他赌得很大。

在宋城的建设过程中，见惯了杭州大量文物真迹的专家们曾提出很多异议。有人认为这个项目本地人不会感兴趣，而外地人只认西湖，也不会感兴趣；也有人说这只能是一个大杂烩，不伦不类，太过俗气；还有人说主题公园的生命周期都很短，通常只有两三年，宋城的投资风险很大，几年之后就可能死掉。

的确，杭州以西湖为中心的旅游格局由来已久，要一下子改变人们积习上千年的思维定式绝非易事。而当时正是“主题公园”在中国出现信任危机的时候。20 世纪 80 年代末，新加坡“西游记主题公园”的成功运营，在我国一度产生示范效应，国内各种人造景观遍地开花，90 年代初达到顶峰。因为粗制滥造，重复建设，缺乏主题、创意和个性，这些起点低、追求短期效益的人造景观（其实不能叫主题公园），很快挥霍了人们的热情，迅速走向衰败。第一轮主题公园的失败可以用尸骨遍野来形容，3000 多亿元资金被深套其中，惨不忍睹。但黄巧灵认为，说人造景观是“假古董”，显然有失公允。故宫、六和塔都是人造景观，但由于它们有深厚的文化内涵，依然能叫人常看常新；截至 2002 年，雷峰塔已倒掉 70 余年，但它依然耸立在人们心中，后来重建完成，立刻成为一个热门景点。在仔细分析之后，黄巧灵发现，之所以大家觉得杭州不需要主题公园，是因为杭州的自然造化和祖宗遗存太过丰盛，建大规模主题公园成了冷门。而从杭州景区形态来看，西湖外围的高品位人文景观，无论从空间布局还是产品形态上，都可以起到积极的补充作用。如果谁能打开这扇“冷门”，说不定“死胡同”就是一个阿里巴巴山洞。

另外，黄巧灵认为1994年前的杭州确实是西湖一统天下。当时，杭州以观光为主的传统旅游方式已渐露疲态。几年间，杭州从中国旅游的前三位下降到第五位，以前杭州游客的人均滞留时间为2—6天，到1994年、1995年降为1—2天，甚至更少。西湖之于杭州的联系太密切了，两者之间几乎可以画等号，这既是杭州之幸，也是杭州之悲，因为杭州旅游被限制在山水风光的传统观光旅游圈子里跳不出来。此时，新的旅游休闲产品形态已经是呼之欲出了。

黄巧灵决定冒险了。结果，宋城一炮而红，当年接待游客达100多万人次，旅游收入达4000多万元。这个数字跌破无数眼镜。黄巧灵自认这是他最成功的一次冒险，但却不是最后一次，他觉得成功与冒险是紧紧地联系在一起的，他总是满腔勇气、满腔热情地去吃第一只螃蟹。

成功的创业者都是冒险者。万科公司的董事长王石以及搜狐公司董事局主席、CEO张朝阳，以登山队员的身份屡屡出现在媒体上，从出征到凯旋，公众的焦点屡屡集中在他们身上。很多人认为这是扩大企业品牌知名度和提升企业形象的宣传和炒作。但是，实际上他们之所以选择登山，并不是出自宣传公司之需要，完全是因为自身的冒险天性使然。

市场就是一种竞争经济，竞争就是非胜即败。“逆水行舟，不进则退”，从这个意义上说，风险是不可避免的。不敢冒险，其实也是一种消极冒险。在市场经济中不可能完全克服经济因素中的自发因素，生产经营中的风险就是客观存在的。因此，冒险精神仍然应该是我们的一种时代精神。

想冒险，就不要害怕失败。愈是称得上冒险的行为，失败的可能性就愈大。其实，敢于冒险，就是敢冒失败的危险。事物发展的客观规律一再证明，成功和失败像一对孪生兄弟，如果只许成功降临不许失败诞生，也就等于扼杀了成功。一个外国企业家一语中的地说：“畏惧错误，就是毁灭进步。”

当然，这里说的冒险并不是像赌徒那样，完全把宝押在“运气”上。冒险不是靠碰运气，而是靠理智。倘若一点可能性也没有，就冒失轻率地干起来，这就不是冒险，而是盲动，有时简直等于自杀。冒险应该建立在科学分析、理智思考和周密准备的基础之上。古人云：“六十算以上为多算，六十算以下为少算。”因此，有60％以上的把握，就应当当机立断，敢于大胆地去行动。

## 缺乏坚韧，成了见锤就弯的钉子

创业者找到自己认为正确的方向，便开始了艰难的打拼，这就是一种不畏困难的坚韧的品质；面对失败的打击，创业者能够积极地反思，从而发现自身的不足，重新站起来，这就是坚韧的品质。因此可以说，坚韧是一个创业者必须具备的品质。在创业的道路上有太多困难险阻，只有坚韧，才能一直向着自己的目标，勇往直前。

在热播电视剧《士兵突击》中有这样一个场景：

钢七连被整编了，战友走了，只剩下许三多和连长。偌大个连队，瞬时空空如也，除了黑暗就是寂静，还有飘浮在空气里的压抑，几乎要把人压得喘不上气，它似乎在体内向外膨胀，却又找不到溢出的缝隙。

许三多在那一晚，精神经历了一番前所未有的磨砺。从进入钢七连的那一天起，许三多就在承受着超于他人数倍的压力。从史今退伍，自己被迫当了代理班长，到战友陆陆续续地复员、调离，许三多经历了一次又一次重创。今天的自己，又该何去何从？许三多感觉自己被掏空了，哪怕是一棵小小的稻草都有可能将自己压趴下。

伍六一临走时留下的明信片就在手边，他说："班长说，顶不住了就给他写信。"

许三多想了又想，终于落笔："班长，六一说顶不住就给你写信，我早顶不住了……"

怔了一会儿，又换了张信纸："六一说顶不住就给你写信，不知道该不该写，因为我不知道还能不能顶住……"

最后，许三多收起了信纸，放弃了写信的打算，他说："那天晚上明白一件事，顶得住和顶不住是个选择题，我们没有选择顶不住的权利，这个答案在入伍第一天就已经定下了。"

许三多知道自己别无选择，他只能挺起不算宽阔的胸膛，直起不算挺拔的脊梁，逼着自己去担当。士兵就应该这样，优秀的人士就应该这样。

压力一定存在，重要的是你能不能以一颗坚强的心去面对，就像与许三多一起当兵的老乡成才所说的那样："世界上没有能喝的人，只有能扛的人。"扛起来了，就能挺过去；扛不起来，就很有可能一败涂地。

试问哪一个创业者不是承受了各方的压力，最终超越压力，甚至将压力巧妙地转换为动力而获得成功的？

今天的张瑞敏说起海尔可以谈笑风生，可有多少人知道1984年他刚刚到海尔时承受的压力？那时的海尔，设备简陋、员工素质低劣、工作环境一塌糊涂、工作制度形同虚设，怎么也让人想象不到20年后的它会有什么出息。

在张瑞敏之前，海尔已经陆陆续续更换了四届厂长，每一个来时都踌躇满志，离任时又万般无奈。张瑞敏也算是临危受命。为了生存，为了企业的发展，他开始顶着压力进行改革，首先推出的就是后来我们熟知的"海尔十三条"。从此，海尔开始步入了正轨。

在海尔艰难的时候，在众人都看不到希望的时候，张瑞敏有没有动过“放弃”的念头，我们不得而知。我们看到的是他冲破了一切压力，带领海尔走到了今天，走向了世界。

就像伍六一提醒许三多的，军队是一个适者生存的地方，创业之路又何尝不是？创业之路上的压力甚至比军队中的更残酷、更复杂，它就像只无形的手，总是攫住你，让你无处可逃。但有压力对人并非一定是一件坏事，很多时候，我们需要一种力量来推动我们，就像慢马需要马绳一样。适当的压力能激发出你的潜力，竞争可以检验你的能力。遇到压力时，最简单的解决办法就是：勇敢迎接它，告诉自己——我顶得住！

所以说，创业者要能坚定自己的信念和目标：在其他同行走上迷途的时候，创业者要能有清醒的认识，不为眼前小利所动，不做昧良心的产品；更为重要的是，要能耐得住寂寞，静心做技术和产品的创新，稳扎稳打，夯实企业发展的根基。创业者应该把企业当成实践人生理想的平台，而不仅仅是谋利的机器。虽然企业的本质是盈利，但凡是成功的企业，都是具有信念的企业。坚持信念和盈利并不矛盾，只有坚持信念，专注目标，才会获得竞争优势，从而获得利润。

## 轻言放弃，轻易游离

万向集团总裁鲁冠球儿时家境贫寒，他的父亲在上海一家药厂上班，收入微薄。他和母亲在贫苦的农村相依为命，日子过得十分艰难。初中毕业后，为了减轻父母沉重的生活负担，鲁冠球回家种地，过起了普通农民的生活。十四五岁本来是读书的大好时光，告别学校的鲁冠球内心很痛苦，他暗下决心，一定要出人头地。

鲁冠球明白，靠种庄稼永远无法摆脱目前的困境，也不可能实现自己的远大抱负。于是，他决定离开浙江农村去上海闯荡，想让父亲帮忙找些事做。但父亲非但没有给他找到工作，自己也很快退休回了老家。鲁冠球感到很失望。怎么办呢？路毕竟要走下去啊，还回到那几亩稻田里？不！他一定要走出面朝黄土背朝天的生活。

后来，经人帮忙，鲁冠球到萧山县铁业社当了个打铁的小学徒。此后，鲁冠球就干起了铁匠。打铁是非常苦的活儿，一个15岁的乡下孩子起早贪黑地跟着大师傅抡铁锤，一天到晚大汗淋漓，而工钱却少得可怜。但鲁冠球却非常满足，他庆幸自己告别了修理地球的生活，有了一份不错的职业。然而，命运往往捉弄人，就在鲁冠球刚刚学成师满、有望晋升工人时，遇上了三年困难时期，企业、机关精简人员，他家在农村，自然被“下放”回家了。鲁冠球感到自己又一次陷入了失意的境地。他知道，他必须寻找新的突破点。

鲁冠球的三年铁业社学徒生活使他对机械设备产生了一种特殊的情感，那是一种用劳动的汗水凝成的情感。当时宁围乡的农民要走上七八里地到集上磨米面，鲁冠球也不例外。久而久之，他竟然不自禁地对轧面机、碾米机“日久生情”。而且他发现，乡亲们磨米面要跑的路太远了，很不方便，如果在本村办一个米面加工厂，一定很受大家欢迎，而且可以赚些钱。如果自己能买到机器，既省了磨面的钱，又省了乡亲们的工夫。亲友们得知鲁冠球的这一想法后，都很信任他，也很支持他，纷纷回家翻箱倒柜，勒紧裤腰带凑了3000元，帮鲁冠球买了一台磨面机、一台碾米机，办起了一个没敢挂牌子的米面加工厂。

那个年代是禁止私人经营的。鲁冠球搞米面加工厂的消息不胫而走后，上级政府就定了他一个“不务正业，办地下黑工厂”的罪名，立即派人查封。鲁冠球和乡亲们一面到处托人求情，一面“打一枪换一个地方”。一连换了三个地方，最后还是在劫难逃，鲁冠球这条“资本主义尾巴”被揪住了，并且被狠狠地砍了一刀——加工厂被迫关闭，机器按原价1/3的价钱拍卖。当时的鲁冠球负债累累，只能卖掉刚过世的祖父的三间房，变得倾家荡产。

鲁冠球很长时间都吃不下饭、睡不好觉，整日闭门不出。让他感到特别痛苦的不仅是这次商业试验本身的失败，还有失败给家里带来的巨大压力，父母用血汗换来的钱就这样化为乌有。但是，鲁冠球没有消沉，没有埋怨命运，没有抱怨生活，而是重新挑起生活的重担，奋然前行。没过多久，他成立了农机修配组，修理铁锹、镰刀，自行车等。渐渐地，他的农机修配组的生意越做越红火。

机遇永远垂青于有准备的人。1969 年，宁围公社的领导找到了鲁冠球，要他接管“宁围公社农机修配厂”。这个农机修配厂其实是一个只有 84 平方米破厂房的烂摊子。很多人担心鲁冠球会陷进去难以自拔，但鲁冠球以其敏锐的观察力认定可以以此作为创业的起点。于是，鲁冠球变卖了全部家当，把所有资金都投到了厂里。虽然这个工厂前程未卜，鲁冠球却把自己的命运完全押在了这个工厂上。

鲁冠球真正的成功是与万向节密不可分的。万向节是汽车传动轴与驱动轴之间的连接器，因其可以在旋转的同时任意调转角度而得名。当鲁冠球开始接触万向节时，全国已有 50 多家生产万向节的厂商，而且产品饱和，唯一有空间的市场是进口汽车万向节的生产。一个乡镇小企业想生产工艺复杂的进口汽车万向节，在许多人看来，无异于癞蛤蟆想吃天鹅肉。而且，鲁冠球不惜丢掉 70 多万元产值的其他产品，把所有资源都集中在万向节上，这让许多人难以理解。

今天，当我们重新审视这一决策时，不能不为鲁冠球过人的判断力和选择小厂走专业化的道路而拍案叫绝。1979 年，万向节生产出来了，但是当鲁冠球为刚刚问世不久的产品寻找销路时，却遇到极大的困难。在计划经济体制一统天下的情况下，一个出自乡镇企业的产品很难取得计划经济体制的帮助。万向节必须自己闯天下。鲁冠球租了两辆汽车，满载万向节参加山东胶南全国汽车配件订货会，3 万名客商，沿街铺开的展销点，却没有鲁冠球的一席之地。三天过后，鲁冠球摸清了各路厂家的价格，毅然提出大降价的决定，市场顷刻之间发生了变化，鲁冠球站在了市场的最前面。

成功的面前总是会有一些障碍，失败对坚定的人来说是一种考验，它是成功前的一次测试。成功的富豪都曾经过失败的历练，是失败教会了他们成功。只有像鲁冠球这样能够克服困难走过去的人，才有资格品尝胜利的自豪和快乐。

中国著名企业家马云说："对所有创业者来说，永远告诉自己一句话：从创业的第一天起，你每天要面对的是困难和失败，而不是成功。困难不能躲避，不能让别人替你去扛，任何困难都必须你自己去面对。创业者任何时候都要勇往直前，而且要不断创新和突破，直到找到一个方向为止。跌倒了爬起来，又跌倒再爬起来。如果说有成功的希望，就是我们始终没有放弃。"

所以说，创业者要有坚强的意志和打持久战的毅力，把创业路上的坎坷视为当然。一个人要成为百万甚至千万富翁，也许依靠几年的好运和努力，或者一两次机遇就足够了。但一个人若要成为"大生意人""大企业家"，成就足以使他人和后人钦佩的事业，则需要持之以恒的努力和付出。一家优秀企业的形成，一份长久事业的形成，甚至一个优秀产品的形成，往往都不是一两年、三五年所能做到的，它更可能需要创业者的毕生心血。创业路上平常心很重要，坚韧的毅力是创业者必须具备的第一素质。

# 第二章
# “小本钱”创业的心理策略

## 从做小事起步，由求小利做起

世界闻名的大企业家摩托车大王本田宗一郎和电器业大王松下幸之助在一次会面时，本田宗一郎对松下说：“先有一个小目标，向它挑战，把它解决之后，再集中全力向大一点的目标挑战。把它完全征服之后，再进一步建立更大的目标，然后再向它展开激烈的攻击。这样苦苦搏击数十年，这样辛辛苦苦从山脚一步一步坚实而稳定地攀登，不知何时，我已成为了全世界的摩托车大王。”

松下幸之助说：“我也是从小事、小生意勤勤恳恳做起，才奠定下现在的基础。我常对员工们说：‘想从事发明，必须先从身边的小发明入手；想做大事，必须从身边的小事做起。’丰臣秀吉（400多年前统治日本的英雄人物）在田信长旗下当一名看草鞋小卒（带着主人的草鞋跟从主人的小卒）时，他并没有妄想要统治日本呀！他只想：‘我非成为日本最好的看草鞋小卒不可！’因为他对工作有热忱，对琐碎小事不掉以轻心，情愿在卑贱的职位上竭尽全力，发挥一己所能，因此这位小卒终于成为君临天下的大人物了。丰臣秀吉可作为我们的榜样，也可作为我们的指南针。”

这两位出身贫寒、只受过小学教育、曾以小资本投资者身份创业求富的人，今天已成为日本乃至全世界既成功又受人爱戴的大企业家，他们的观念和做法几乎完全相同。他们都是从小本经商做起，经过一点一滴的努力，才汇集成现在的成果，建筑起自己的王国。

经济生活中有这样一条规律，风险与收益是成正比的。一般来说，风险大，收益也大，风险小，收益也小，这是不难理解的。通常一些前景不明确、利润情况不确定的行业或产品，资源投入量也不会太大，提供的产品和服务必然供不应求，价格必然高于价值，收益也大。但是，正由于其前景不明确，利润不确定，也可能投入资金而没有收益，这正是大多数人望而却步的原因。

对于已经有了一定基础且有多项业务的公司，为了赢得较多的利润，有时冒点险是必要的，也是可以承受的。因为企业有了较大规模和较多资金，只要不是孤注一掷，贴点钱是不会导致破产的。如果企业搞的是多元化经营，东方不亮西方亮，这儿赔了，那儿却赚了，企业还可以存活下去。但是，对于下岗的人们来说，应该尽量避免做风险大的事情，而应该将为数不多的有限资金投于风险小、规模也较小的事业中去，先赚小钱，再赚大钱，聚沙成塔，集腋成裘，滚动发展，等资金雄厚了，再干大事业。

在历史上，有不少企业家开始搞的都是很不起眼的小本买卖，然而很快因此而发财。下面这个故事是我们大家都比较熟悉的。

1928年，有一对叫麦克唐纳（又译麦当劳）的年轻兄弟，在美国东海岸西部的加利福尼亚，开了一个小电影院，同时兼营一个小食店，专卖汉堡包。说来也怪，汉堡包的生意比电影院的生意好得多。这种每15美分一个的汉堡包，看起来不起眼，可年营业额竟高达25万美元。老板克罗齐认准了经营汉堡包有发展前途，买下了麦克唐纳公司的-个销售店。以后，他又买下了麦克唐纳兄弟的汉堡包和薯条两种食品的专利。1961年，又买下了麦克唐纳在美国的全部店铺。到1972年，麦克唐纳快餐店发展到2500小家。1982年，麦克唐纳快餐店发展到一万多家分店，克罗齐拥有的资产达3.2亿美元，建立起了世界上著名的快餐王国。这大概是他自己也始料不及的。

其实，不必非要举国外的例子，在我们身边，改革开放这30几年里从不起眼的小事干起，逐渐滚动、逐渐积累而富甲一方的人也有很多。

前些年在提出农村工业化的“温州模式”的同时，在江苏北部的宿迁县（现为宿迁市）出现了经济学家称谓的“耿车模式”。他们盯住了城里人看来不仅没用，而且是生活中的麻烦的东西，比如废旧塑料、可乐瓶等，重新回炉做成各种新瓶子，从事垃圾分拣，通过到公开市场上去购买垃圾原料，专门从事废旧物资的再生处理。有的农民专门从城市收购垃圾，在宿迁组织人力进行垃圾分拣，形成了一个垃圾分拣工厂。于是在苏北宿迁，围绕垃圾处理，形成了一个分工精细、组织严密的大产业，成为宿迁经济发展的一大支柱。这个县也因此名噪江苏乃至全国。谁能说中国的农民不聪明呢？

古往今来，所有的成功者做事业都不会操之过急。他们不会梦想一下子就跳到山顶，而是先从他们力所能及的范围着手。先从小事做起，从小商品起步，倾全力去做，脚踏实地地学习，一步一步地充实自己的实力。先把小事做成功，然后再进一步做更大的事情。这样迈着坚定的脚步前进、奋斗，事业才会渐渐兴旺壮大起来。

## 充分发挥自己的特长

42岁的天津人赵玉娟，原是天津一家商业公司的职工，因企业改建拆迁而下岗。

正当壮年，上有老下有小，却无事在家，不仅生活困难，连心理都失去了平衡。赵玉娟苦恼过、彷徨过，都无济于事。

最后，她明白了一个道理：等待不如自己找出路。

决定靠自己走出困境的赵玉娟，仔细掂量自己的长、短处：下过乡，在黑龙江建设兵团受过锻炼，后来又干过20多年炊事员，能吃苦，有经验，何不用己所长，在吃上做些文章呢？但眼下自己是一无资金、二无店堂，只有一双手，这是短处。

干别的不行，干个便民服务摊，蒸包子卖，总还行得通吧？

赵玉娟将自己的想法跟几个下岗姐妹一合计，大家都赞同，几个人准备跟着赵玉娟一起干。她们自己动手钉板凳、打炉子、做小车、搭棚子，也办好了营业执照。

一切准备就绪后，她们在电报大楼南侧的楼群里，收拾好铺面，打出了"四平包子铺"的招牌。

赵玉娟和她的姐妹以诚待客，诚实经商，她们做的包子个大、味好，价格公道，很快就得到了周围居民的认可和称道。

"四平包子铺"开张几个月后，赵玉娟的包子成为这一带的"抢手货"。附近的职工、上学的学生，连途经此地的司机，都爱上这里吃包子，有时买包子吃的顾客还排起了长龙……

赵玉娟也因"四平包子铺"成为远近闻名的新闻人物。因诚实经商得到"上帝"认可的赵玉娟很有感触地说："我是从失业走过来的，深知下岗的滋味。只要用好自己的经历，看准门路，下定决心，没有办不成的事情。"

从上述事例可以看出，"投资小"根本不是发展的障碍，只要在自己熟悉的领域中创业，发挥自己的强势和长处，勇于在市场中搏击，财富大门往往会应声而开。

德鲁克曾说："不要在你不太擅长的领域花费力气。对于你不太擅长的领域，尽量避免花费力气，因为要从'不太胜任'进步到'马马虎虎'，其中所花费的力气和功夫，要远多于从'一流表现'提升到'卓越优秀'。"

特长是一个人最熟悉、最擅长的某种技艺，它最容易表现一个人在某一方面的能力和才华，事实证明，能够发挥你特长的事业是你最容易取得成功的事业。因此，当你选择了自己擅长的事业时，也就意味着你已经在创业的道路上步入了成功的开端。那么，如何将特长作为你创业时的根据呢？

**一、清楚你有哪些特长**

无论你的特长是不是你的爱好，你都要清清楚楚地了解它。有些人可能会说：我什么特长也没有，就像我没有任何爱好一样。这些人其实并不真正了解自己，因为不管是什么人，他都有一定的特长，没有任何特长的人是没有的，只要你认真地去发现和挖掘，你就会在某一个早晨突然发现自己的特长，比如你善于唱歌，你善于写作，你会使用电脑，或者你很有力气，或者你善于用人等。不要小看这些特长，它有时会使你获得意想不到的收获。

所以，在你走向创业之路之前，你首先就要尽可能诚实并客观地回答这样一个简单的问题：我究竟有哪方面的特长？我的这些特长能作为我创业时的依据吗？了解了自己的特长，并确定这些特长是否就是你的爱好，你就可以很从容地对你将要从事的事业做出选择了。想一想你周围的或从书上读到的经验，有很多人似乎都是在创业活动中发挥了自己的特长。你如果想成功，就应该向他们学习。

**二、把本职工作变成你的特长**

你的本职工作也许并不是你的爱好所在，但你在本职工作岗位上工作了几年，对你来说，这项工作是你最熟悉、最了解的工作，闭上眼睛你也能将你的本职工作如数家珍一样说得一清二楚。因此，在你创业的时候，最好的办法是将创业与本职工作结合起来，将本职工作变成你的特长。特别是那些没有其他明显特长的人，本职工作就是你最大的特长。

但是，一些创业的人往往忽视了本职工作的有利条件，完全抛开本职工作去创业，现成的方便白白扔掉。而另有一些人，一旦有了好主意，就迫不及待地放弃原有的工作，把全部精力都集中于创业。他们资金不足，缺乏经验，却踌躇满志，没几个月，他们就会大失所望，因为他们的特长不能得到发挥。因此，聪明的人在选择创业时，应该学会以本职工作为参照，致力于从本职工作中发现机会。事实上，许多创业的好念头都来自于你的工作和经历，这也是许多创业致富者的经验之谈。

**三、选择特长中的特长**

一个人往往具有许多方面的特长，比如你喜欢给杂志社写文章、擅长进行商业咨询，以及进行划船或生物学研究等。你在选择创业时，往往觉得有些眼花缭乱，你可能根据自己所有的特长都在心中设计好了创业的各种方案，对你来说，要在这么多个方案中做出优化选择似乎并不十分容易，你往往在这些方案中犹豫不决。其实，仔细想想，你选择方案的过程，就是对你自己的选择过程，即在你许多方面的特长中，选择你最大的特长，即特长中的特长。这样，你就会尽快把你的最大特长转化为创业创收，因为你终于在众多的方案中做出了选择，而一旦你的这一选择在实践中获得成功，你就会从此在创业致富的道路上不断走下去。

什么是特长中的特长呢？就是最能体现你的创造力的特长，它不是仅仅为你所熟悉的某种手艺或某一方面的知识，还包含着你的兴趣。如果你在选择创业时，将你最感兴趣的、最能体现你的创造力的特长作为首要选择的目标，那么，你的创业就不会轻易失败。

另外，在多种特长中，你选择了你最大的特长作为你的创业之始，你会由于自己的特长得到了淋漓尽致的发挥而处于高度兴奋之中，你的灵感会不断地涌现出来，从而使你不断地创造出能够为你赚取金钱的好主意。而且，你的创造力越是丰富，获得新的创意的可能性也就越大，而新的创意又会促使你走向富裕。实践证明，在“八仙过海，各显神通”的创业大潮中，凡有一技之长而为社会所需求者往往独占鳌头。

如何选择创业，并没有统一不变的固定模式，不同的人，所处的社会环境不同，选择创业的标准也不同。创业的选择，不仅仅是一个理论问题，而更重要的是一个实践问题。当然，创业的选择还有许多应该考虑的因素，例如社会风尚、国家关于创业的有关法律条文和你个人的投资能力、资金状况等。

## 选择比较熟悉的行业

有位云南人，他开辟了一种新型职业，在泸西城专门替无暇操办婚、丧的人家送请帖。由于生意好，天天东家出西家进，忙得连喝茶的工夫都没有，由此，也给他带来了一笔惹人眼红的收入。他原是一家商业公司的职工，已届不惑之年，因单位严重亏损而被迫失业下岗。下岗后，他成天无所事事，感到极度空虚。一天，他的一个至交好友因为儿子结婚，拿来五大摞请帖，说自己工作忙，没时间跑腿，请他代发一下。这些帖子大都是他熟识的人，自然轻车熟路，不费吹灰之力一一顺利送达，消除了下岗后的烦闷。尔后，他又想到，这些年，操办婚事的人家越来越多，一般的请客都在几十桌。然而，写帖子容易跑腿难，像他那位至交这样出于各种各样的原因而无暇送请帖的肯定大有人在，那么，何不在泸西城开辟专替操办婚事的人家送帖子的业务呢？想到这里，他变得兴奋起来了。于是他找了一间房，装了一部电话，再拉上自己的妻子，就把广告打出去了。开业不到三天，便迎来了第一个客户。此后，一发不可收拾，三天两头有办事请客的人找上门来，有时他们两口子一天中要同时为几个客户送请帖，发出请帖 800 张左右，日收入有时高达 200 元。

随着业务的拓展，他的名气也越来越大，代送的项目也越来越多，由过去单一送婚宴请帖拓展到送丧帖、送会议帖、送宣传广告……凡是能送的他都送。时间一长，泸西人都叫他“送帖大王”，他也因此获得了他有生以来事业上的最大成功。

这个云南人的创业之路就是选择了自己比较熟悉的行业，从做最简单的事开始的。因此，在选择自己的创业项目时，应将目标放在朋友多、门路熟、人际关系好、办事渠道畅通、信息来源广而快的行业，那么，事业兴旺就有了充分的条件。反之，如果所选择的行业领域人地生疏、信息闭塞、办事门路不熟，事业发展就会受到许多制约，这种情况当然应该尽可能避免。初投资者，大多资金十分有限，一般不宜选择需大量投资方可开业的行当，或者需有较大投入方可取得规模经济效益的行业。如冶金、汽车、家电等行业，一般需要投入上千万甚至上亿的巨额资金，方可投产或者方可合算，小商人一般无法问津。本钱小者可以从这样几个方面来考虑自己的行业选择：

(1) 选择所需资本不多的劳动密集型行业。如服装鞋帽行业、食品加工行业、小五金行业等，所需机器设备比较简单，投资少、周转快。

(2) 选择生产小型新产品，几个人、十几个人就可以干起来的行业。如烫衣板、救生游泳衣等，既有比较广阔的市场前景，生产工艺也不复杂，又容易产生较好的经济效益。

(3) 选择为某些大型企业进行零配件加工的行业。如生产汽车的万向节及电冰箱食品架等，既能保证产品销售，又可节省投资。

(4) 选择信息、咨询、维修等方面的服务行业。这些行业的主要投入是技术，而不是资金，对于那些有一技之长的知识分子比较适宜。

(5) 选择摆摊设点，小本经营。中小型的饮食店、日杂店、精品屋、服装鞋帽店、文体用品商店等。投资少，风险小，经营方式灵活多变。

另外，做生意要尽可能选择自己比较熟悉的行业，而不要盲目地跳入你感到混沌一片的陌生“海域”。俗话说：“隔行如隔山。”不要选择一个自己一无所知的行业作为发展事业的基地，这是需要特别慎重的。选择自己熟悉的行业，能够驾轻就熟，得心应手；能够拥有更多的信息，知道什么商品有市场、有前途；知道不同产品优劣及消费者的要求；知道市场的发展方向……容易做出正确的判断与决策。

## 在“冷”与“热”上做文章

理查德·西尔斯开创他的事业时，只拥有一个小商店，实力十分弱小。

当时，很多商人都把目光停留在城市上。西尔斯也曾经只想做城里人的生意，但当他发现城里竞争太激烈，而他的实力相对于其他商人来说太弱小时，他就转而把目光放在了农民身上。

在19世纪中后期，美国农村还十分落后，生产力水平低下，机械化程度不高，农民的收入自然也很低，购买力不足。

但西尔斯通过分析认为，农村市场潜力巨大，随着农村的发展，购买力将会大大提高。于是，西尔斯以较低的价格购买了一批因债权纠纷积压的物资，拉到农村去销售。

正是这次行动让西尔斯对当时的美国农民有了更多的认识。

他发现农村和城市存在很大的差别。由于农村与城市相距很远，农民在思想上都较为保守，他们害怕和城里人打交道，因为他们认为城里人太精明，会欺骗他们，即使你送货上门，他们也怕上当。

了解到农民的这种心理之后，西尔斯想出了办法。他立即组织货源，而且尽可能降低售价，农民通过对比，就逐渐对他产生了信任，于是西尔斯的信誉开始建立起来。

1895年，理查德·西尔斯的继任者罗森沃尔德接手经营西尔斯公司，他依然把目光放在农村市场。

为了进一步取得农民的信任，罗森沃尔德大胆地提出了“保证满意，否则原款奉还”的经营方针。

这一方针在后来被很多人使用过，但在当时，还没有第二个人敢那样做。

很快，西尔斯公司成了知名公司，买方不再提心吊胆，倒是卖方更为谨慎，服务更加到位。

为了提供更方便的服务，西尔斯公司以邮购的方式开展业务。他们先对农村市场进行周密的调查，准确把握农民的需求，然后编制邮购产品手册，凡是农民生活所需的东西，在这套手册上均可以找到。从此以后，农民无须到很远的城市去购物了。

在为农民提供方便的同时，西尔斯公司也赢得了其他客户高度的信任，生意十分兴隆，并逐步发展成一家大型商业公司。

就像西尔斯公司一样，“冷门”更容易使企业获得成功。当今社会变化日新月异，人们的需求也在不断改变，而这种需求的萌生，正给每一个企业家以爆冷门的机会。

有人可能会说：现在市场上的商品已琳琅满目，要寻找冷门谈何容易。其实对于精明的企业家来说，冷门比比皆是，只要你做个有心人，“冷门”就会出现在你的面前。很多企业找到冷门后的策略之一是集中精力快速切入市场，从而获得已经被放弃、出售或者侵占的那些可能使他们获得竞争优势的事物的优先权。

抓住那些有市场需求，而目前又没有多少人干的“冷门”，风险小，盈利大，可以马到成功，是刚下岗的朋友适合选择的行当。

与此相反，从事“热门”行当也可以创业赚钱，不过这有一个前提，要在需求达到高峰之前，所谓“萝卜快了不洗泥”的那个时期挤进去，需求高峰刚过，捞一把赶快抽身，不要陷在里面。这需要较高明的决策艺术。

北京有两个工厂的业务员，手里有3万元钱家底，觉得待在工厂没劲，也辞职“主动下岗”了。1990年夏天刚开始，他们发现北京大街上有不少青年人T恤衫上印着各种各样的俏皮话，如“别理我——烦着呢!”“出国，没门”“练摊，没本”“当官，没路”“活着，没劲!”“你吃苹果我吃皮”等，即后来的“文化衫热”。他们认为，虽然大街上不少人穿“文化衫”，也有不少人生产，但是以后一两年内估计有更多的人要买、要穿，北京热完，外地也要热。于是他们以3万元钱做抵押，要求一个印染厂按他们拟的词句和样式生产了10万件“文化衫”，一个夏天生产了4批，全部卖掉，一件赚2元。一个夏天，他们的3万元就成了80万元。

1991年春节前后，“呼啦圈”忽然在北京的大街小巷出现，每只“呼啦圈”售价8元，购买者摩肩接踵，市场上来一批，很快就抢购一空。这两个下岗业务员，看准了“呼啦圈”还得热下去，于是找到河北的一家乡镇企业，把80万元资金全部投资生产“呼啦圈”，第一批货赚了80万元，连续进了5批，全部卖完后，到1991年7月份，已经赚了近100万元，他们这时及时收场。果然，到了1991年下半年，北京大街上每只“呼啦圈”只能卖到4元钱，后来2元一只也没人买了。这些年来，这两位业务员就这样瞅准热门货就捞一把，看热得差不多了，就赶快抽身，积下了百万多元资产。有了一定基础，他们不再打一枪换一个地方，准备扎扎实实搞实业，于是与外国人合资建了一个包装材料厂，5年内产值达到1000万元，年利润200万元。

以上事例告诉我们，创业之初为了保证有稳定的利润，应瞅准“冷门”或将要形成的“热门”下手。在看不清的情况下，宁愿先按兵不动。千万不要一开始就加入竞争激烈的行业，去逐鹿中原，最后由于实力、经验不足而在竞争中败北，搞得“赔了夫人又折兵”，从此一蹶不振。

## “借鸡生蛋”，借钱赚钱

有个写报告文学的作家，几篇报告文学都深入描写了人们关心的社会问题，如乞丐群落、买卖人口、黑社会等，引起了社会反响。以前，这位作家是把稿子给杂志社或出版社，作者只拿一般标准或较高的稿费，一本书收入不过几千元，而出版社出版他的作品动辄赚几万元甚至几十万元。现在这位作家不这样干了，他写好一本书以后，与出版社谈妥，由出版社发征订单，负责印刷、发行，除了预付作者稿费外，发行量超过一定数额后所获利润出版社与作者按比例分成。比如出版社得70%，作者得30%。这样，一本畅销书，作者所获收入不是几千元，而是几万元，甚至达十几万元。

这样，作者不用担风险，不垫资金，参与图书经营，收入大大增加。这就是一种“借鸡生蛋”的形式。

刚刚创业的人们，资金来源主要是多年的积蓄，一般资金力量比较小，有时看准了机会，自己也没有力量去干。在这种情况下，创业者虽没有资金，却可用技术、信息、销售渠道、关系、智慧、思想作为股本与人合作，得利后按一定比例分成。这样，虽然不如自己投资干获利大，却可以不担风险，也不受自己资金数量的限制。

再比如，有的人掌握一种新产品的专利技术或者一种好的主意，与企业谈判，把技术和好的主意给企业，由企业垫付资金进行产品开发，或把新的经营主张付诸实施，获利后与企业分成。

1992年北京有几家报纸报道了一位大学毕业生靠卖主意成了万元户的消息。文章写道，有家生产塑料水杯的企业产品滞销，仓库里积压了几十万只，企业面临倒闭的威胁。这个厂的厂长请来这位“智多星”寻找摆脱困难的方法。这位年轻人告诉厂长，在塑料水杯上印上铁路沿线各站的站名及各次列车的车站到站、离站时间，然后与铁路部门联系。结果厂家与铁路部门联系后，铁路部门马上定购了一批，很快卖完了；与此同时，列车上饮料的销售量也大大增加。铁路部门主动与这家企业联系，希望这家企业长期提供这种水杯。在很短的时间内，企业扭亏为盈，当月盈利 50 万元。事后，企业的厂长亲自将 5 万元现金交给这位年轻人，并要他长期担任企业的顾问。

让我们再看一个例子。

曾经的新加坡首富，闽裔华商邱德拔正是依靠借来的资本白手起家的。邱德拔祖籍福建厦门，他的父亲是一位传统的商人，敢打敢拼，精明能干，当时还是多家福建银行的股东。1917 年邱德拔出生于新加坡，受到父亲经商思想的影响，他从小便立志成为一名成功的商人。

16 年后，少年老成的邱德拔便进入了父亲参与创办的华侨银行。他在华侨银行工作了十几年，因为办事稳重、工作勤恳而深得老板赏识，在这个过程中他也逐渐熟悉了银行经营运作的规律和模式。1959 年，已经当上银行副总经理的邱德拔由于自身缺少资金而无法进入董事会。长期以来，邱德拔一直有一种寄人篱下、为他人作嫁衣的漂泊感，进入董事会受挫的事件促使他终于下定决心辞职，他要开办一家属于自己的银行。

然而，创业面临的最大困难还是缺乏资金，邱德拔再一次因为“钱”的问题大伤脑筋，但是他很快便想到了解决的办法。邱德拔找到了一位朋友，邀请他出资合伙开办银行。开办银行的启动资金是庞大的，所以邱德拔最初非常忐忑，但他又相信朋友一定会答应，因为对双方来说这是一个双赢的合作提案。朋友拥有资金，而邱德拔有开办与管理银行的经验、能力与客户关系，邱德拔的资本对那些有钱而没有门路的投资者来说具有很强的诱惑力。果然，朋友考虑之后很快便给了邱德拔“同意合作”的答复。

1960 年，邱德拔与朋友合资 1000 万林吉特（100 林吉特约合 26.31 美元）在吉隆坡开设了马来西亚银行。至 1966 年，马来西亚银行旗下已拥有 108 家分行，成为当地著名的大银行。假如当初邱德拔不肯向朋友借钱，那么就很难有之后的辉煌成就。

阿基米德曾说："给我一个支点，我能撬动地球。"对商人而言，这个"支点"就是"外力"，邱德拔将这个"外力"的作用发挥到了极致。

很多白手起家的商人就像邱德拔一样，依靠自己的智慧与才干，依靠借来的钱与势在各地的商战中横刀立马，闯出了自己的天下。他们相信：借船出海，就能突破资金瓶颈的桎梏；长袖善舞，良好的沟通策略能够打通闭塞的消息渠道；他山之石，也能成为自己财富帝国的一块地基。

市场变化如风起云涌，群雄混战之际，市场格局每时每刻都在发生变化，但一名懂得借钱、借势、借名、借才、借智的商人，在任何时候、任何场合都会有立足之地。

# 第三章

# 创业需要心理谋划

## 战略谋划是创业者腾飞的智慧羽翼

战略谋划决定着创业的目标和发展方向，制约着创业活动顺利而健康地展开，谋求着长远的经济效益和整体的最优化。它是创业者腾飞的智慧羽翼。

战略谋划不仅对企业涉及全局的重大问题具有决定性意义，而且对企业的局部问题和日常性管理工作具有牵动、指导和规范的作用。战略谋划的广泛作用对现代企业家有着强烈的吸引力。具体可以归纳为以下几个方面：

**一、使企业顺利、快速成长**

通过制订战略规划可以使企业经营者对企业当前和长远发展的经营环境、经营方向和经营能力，有一个全面正确的认识，全面了解企业自身的优势和劣势、机会和威胁，做到“知己知彼”，采取相应办法，从而把握机会，利用机会，扬长避短，求得生存和发展。

**二、提高生产经营的目的性**

管理学中有一个公式：工作成绩＝目标×效率。西方学者认为“做对的事情”要比“把事情做对”重要。因为“把事情做对”是个效率问题，而从一开始就设立正确目标，“做对的事情”才是真正的关键。战略规划就像战争中的战略部署，在开战之前，就基本决定了成败。因而中国古代兵书有“运筹帷幄，决胜千里”之说。制订出战略规划，就使企业有了发展的总纲，有了奋斗的目标，就可以进行人力、物力、财力以及信息和文化资源的优化配置，创造相对优势，解决关键问题，以保证生产经营战略目标的实现。

**三、增强管理活力，降低经营风险**

实行战略管理，就可以围绕企业经营目标进行组织等方面的相应调整，理顺内部的各种关系；还可以顺应外部的环境变化，审时度势，正确处理企业目标与国家政策、产品方向与市场需求、生产与销售、竞争与联合等一系列关系。

**四、提高企业家素质**

实施战略谋划，使企业家能够集中精力于企业环境分析，思考和确定企业经营战略目标、战略思想、战略方针、战略措施等带有全局性的问题，造就一大批社会主义企业家和战略人才。

创业者为了更好地运用战略谋划来塑造创业的宏伟蓝图，还必须掌握战略谋划的本质特征，具体表现为如下 4 个方面：

（1）全局性。战略管理必须以企业全局为对象，根据企业总体发展的需要而规定企业的总体行动，从全局出发去实现对局部的指导，使局部得到最优的结果，保证全局目标的实现。

（2）长远性。战略谋划着眼于未来，对较长时期内（5 年以上）企业如何生存和发展进行通盘筹划，以实现其较快发展和成长。面对激烈复杂的市场竞争环境，任何组织若没有超前的战略部署，那么，其生存和发展就要受到影响。

（3）关键性。关键性又称重点针对性，是指那些对企业总体目标的实现起决定性作用的因素和环节。战略讲究的是环境的机会和威胁、自身的优势和劣势。要找寻敌弱我强的地方下手，或是在敌强我弱的地方防范。实施战略谋划，就是要抓住机会，创造相对优势，增强企业的竞争实力。

（4）权变性。即指善于随机应变而不为成见所囿的适时调整、灵活机动的能力。任何企业在其成长过程中，总是要受到诸多方面因素的影响，并随内外部环境的变化而变化。这就要求企业经营者根据实际情况的变化，变换策略，调整计划，修正战略，把战略贯彻于现实行动之中，以不断适应未来的多变性。

另外，战略谋划本身就是一个动态过程。由于企业战略具有长远性，必须经过一定时期的努力，才能最终实现企业的战略目标，不可能毕其功于一役。同时，战略管理又可分为战略制订、战略实施、战略控制等不同阶段，其中每一阶段又包含若干步骤。因而，战略管理过程的各个阶段和步骤是不断循环和持续的，是一个连续不断地分析、规划与行动的过程。这就对战略管理者提出了更高的要求，特别是面临新的变幻莫测的国际经济竞争形势，开拓进取，求变创新，制订和实施适应性应变战略，已成为现代管理者的当务之急。

## 思路多维，用立体构想建筑财富大厦

宗庆后曾被美国《财富》杂志连续3年评上“中国十大富豪”之一。作为“娃哈哈”企业的创始人，他把“娃哈哈”从一无所有发展到中国最大的饮料企业，使之家喻户晓。宗庆后在国内大部分企业不敢涉足碳酸饮料的情况下，踏进“雷区”，推出非常可乐，结果一炮打响。宗庆后作为一个企业管理者，逐渐成为一个接近炉火纯青的得“道”的企业家了。

非常可乐的走红，是宗庆后“想人不敢想，为人不敢为”的多维思路及立体构想经营思路又一次成功的实例。“娃哈哈”企业中的一位中层管理干部说，非常可乐的问世，有90%的功劳是宗庆后的。

当初，几乎没有人看好这一产品，反对者的理由非常充分：中国企业从20世纪80年代就开始生产可乐，但被洋可乐“水淹七军”，几乎全军覆没。而如今，洋可乐“领”军国内市场，“可口可乐”与“百事可乐”分别以57.6%和21.3%的份额几乎垄断了我国的可乐市场。这个时候想“分一瓢饮”，无异于与虎争食，以至在1998年5月非常可乐上市之初，舆论界悲观预测：“非常可乐非死不可!”

企业内部，不赞成非常可乐上生产线的意见不在少数。企业形势那么好，而且上生产线意味着几千万甚至上亿元的投入，很有可能倒下，做了“两乐”的垫脚石。

而宗庆后却义无反顾地推出了非常可乐。他看到了硝烟弥漫的市场背后——全球碳酸饮料销量有一半是可乐，而国内这个比例只有四分之一，巨大的市场容量意味着诱人的商机。

宗庆后的自信是有依据的：他拥有巨大的品牌号召力，拥有庞大而灵敏的销售系统，拥有高起点的设备和技术。事实上，非常可乐从1996年就开始有了“腹稿”，谋定而后动，结果一炮打响。

随着投资上亿元的七条新生产线在1999年底前上马，非常可乐的年产量达100万吨。这个数字基本上是可口可乐在中国销量的一半。宗庆后认为，“中外可乐大战”将在年底真正展开，而次年将有可能正面短兵相接。

非常可乐能否最终赶上甚至超越“洋可乐”还需要时间来检验。但非常可乐的亮相，第一次将娃哈哈企业摆到了与跨国大公司面对面较量的赛场上。其实不仅如此，宗庆后说：“其实我们早已兵不血刃地打赢了几场局部战役。因为跨国饮料企业的奶、水等产品规模也很大，可由于我们的同类产品太强大，国际同行根本无法和我们抗衡，只好知难而退。”

宗庆后认为，非常可乐另一个有意义的启示是走向世界并不一定非走出国门不可，因为在开放的市场中，国内市场就是国际市场，就是品牌、资金、技术、管理的竞争。如果连杀到家门口的国际同行都抵挡不了，还有什么力量去国外跟人家拼?

娃哈哈企业有两个著名的“零”人尽皆知，那就是“零库存”和“零负债”，产品畅销到可以不用仓库倒还可以理解，“零负债”就让人看不明白了。因为不借债并不等于最好的经营思路，专家提倡的是合理的负债率。为什么娃哈哈企业却拒绝这种现代经营中最为常见的做法呢？

宗庆后自有着独特的思路。娃哈哈企业从创立到现在都一直实行“零负债”经营，因为一方面投资回款率较高，企业自身积累已经够用；另一个很重要的方面是娃哈哈企业多年来奉行“有多少能力办多少事”的原则，坚持不借债就是防止头脑发热而盲目决策的一个办法。

因为具有“不借债”的实力，他们与法国达能集团合资谈判时气就粗了。很多企业中外合资时往往饮恨蒙尘，可娃哈哈企业却大长了民族品牌的志气。不仅合资公司继续打“娃哈哈”品牌，且娃哈哈企业收取了对方1亿元的商标使用费。

现在看来，假如当初决定实行的是前一种选择，谁也不知道现在的“娃哈哈”会是一种什么样子。

宗庆后这样回忆当初的决策经过：前一种选择涉及的门类很多，不管对他个人还是整个企业都不太适应。事实证明他们的选择是正确的，专业化的发展促进了生产经营的专业化，形成了规模，提高了娃哈哈在行业中的竞争力，使其在行业中实行优势经营，也避免了多种经营的失误。

一念之差的选择决定了企业的生存之道！然而细究之下，两种选择实际上代表了两种截然不同的多元经营思路。

发展儿童产品，包括吃、穿、玩具、文具等，是一种典型的“多元化”思路，四面出击，八面开花，各个行业都插上一手，想拿“全能金牌”，结果却有可能成为行行不精的“三脚猫”。后一种思路在娃哈哈被称为“多圆经营”，即“同心圆”战略——以“食”为圆心，水、奶、粥、可乐等不同的延伸半径形成了连续的“产业环”。这种被专家概括为“一元经营，多圆发展”的“同心圆”战略在娃哈哈企业取得了极大的成功，形成了一条环环相扣的“黄金（产品）链”，不仅“团体总分”全国第一，而且还有三面“单项金牌”在手。

娃哈哈的多维思路告诉我们，新经济是一种新型的经济，它需要的人才也应该是一种新型的人才，这种人才必须具有很强的创新能力。只有拥有多维思路，能够立体构想，才能够创业致富。

百万富豪创业初期，明确的思路、多维的构想促使他们能抓住机遇，瞄准方向，大胆决策，最终取得成功，并能在发展中立于不败之地。因此，人的思维不能局限在面上，应扩展到三维、四维以上的空间，以智谋取胜，即能面对现实与未来、做出较正确的分析与判断，对成功路上的种种问题想出各种各样的办法、方案、绝招，从而解决问题，达到目标。

那么，以智谋取胜的百万富豪们具备哪些基本素质呢？“自古有谋胜无谋，良谋胜劣谋。”为什么有的人足智多谋，有的人却少智乏谋呢？同样是经营企业，各有各的智谋、方法，但为什么有的人成为了百万富豪，而有的人失败了呢？

识广智高，有了广博的相关知识和充足的相关信息，我们就能对现实与问题分析判断得更准确，对未来和不确定因素预测得更正确。这是一个百万富豪足智多谋的基础。

在创业的实践活动中，常可以看到一个欣欣向荣的企业忽然抛弃助其成功的原有的形式和方法，毅然使用新的经营方法和形式；而有的企业却始终坚持一种公认为是陈旧过时的经营形式和方法。有的企业完全靠自有资金，决不举债；有的企业却是从创建之日起一直依赖借债经营。有的企业面对竞争，采取提高质量降低成本的办法获得客户；有的企业却采用购买、合并竞争企业的方法消除竞争对手。有的企业始终贯彻薄利多销的策略；而有的企业以多品种、少批量的方针来坚持优质高价的经营方针。有的企业以不断开发新产品，发展新技术，通过满足消费者日益增长和不断扩大的爱好和需求来占领市场；

有的企业则固执地坚持生产销售传统产品，甚至几十年、上百年不肯做大的改变。

面对这些五花八门甚至互相对立的经营形式和方法，如果没有自我独到的见地和悟性，没有谋略的设计，是不可能去赢得优势，打败竞争对手的。

上兵伐谋。竞争的目的是占领市场，有不战而胜的计谋何必要采用逞一时之勇、一时之快的下策呢？灵活变通、奇思妙想远比硬碰硬的竞争更有成效。买一项技术专利可能远比自己投入开发更要划算。

占领市场的计谋很多：

如：不单凭血气，不单凭勇气，不拼消耗，凡事借助巧妙的方法，灵活变通，山不转水转。

如：巧借外力，面对复杂浩渺的世界，个人的力量永远是有限的。若要取得成功，非得借势借力不可。

如：借用外脑，组织“智囊团”，这也是扩大个人智慧的好办法。中国俗语说：“三个臭皮匠，顶个诸葛亮。”如果你的智囊不是臭皮匠，而是有经验、有智慧的专家能人，则你就远胜于诸葛亮了。

如：借助人力和组织。根据目标的要求，尽可能成立一个机构组织，以网罗更多的人力来共同奋斗，达到较大的成功甚至完成更大的伟业。

如：借助各种自然与社会同有的能量。农业生产是借助土地。电力是借助水和煤。商人做生意往往借助银行的资金和各种人际关系。保护生产和生活秩序，往往借助于政府的公安系统等。

市场的竞争也和军事斗争、政治斗争一样，对复杂多变的形势要进行周密细致的分析考虑，认识和掌握事物发展变化的可能和趋势，知人所不知，见人所不见，事先采取相应的措施和办法，有勇有谋，才能化弱为强，转危为安，反败为胜。这是百万富豪的经验总结，是他们搏击商海后留给创业者的一笔精神财富。

## 宏韬伟略造就亿万富豪

太太口服液是深圳太太药业有限公司的主要产品。1992年12月18日公司成立。1993年3月8日，首批产品在广东面市，这是我国第一个女性口服美容保健品。之后的短短5年间，太太口服液从一个地区性新产品发展到今天销售遍及中国超过200个城市的全国性品牌，还远销日本、韩国等国以及东南亚。从上市时的年营业额7000多万，跃升至年销量近5亿元人民币，成为中国美容保健口服液市场中的佼佼者。

犹太人有句名言："女人和嘴巴的生意最好做。"当年太太药业萌生搞这个产品的念头是基于这样的考虑：改革开放后人们生活水平显著提高，人们对保健药品的要求十分迫切，而市面上只有一些适宜男性的壮阳健肾之类的保健口服液，于是朱保国和他的同事们觉得女人是更需要关心的"半边天"，这个消费群体蕴藏着巨大的消费潜力。

主意定下后，取个什么名字才能让消费者有一种先入为主的好感呢？名字想了不少，后来集中到这个理念：内地人习惯称妻子为"爱人""内人""老婆"，但随着改革开放及受境外文化影响，视称妻子为"太太"更新潮、更文明、更尊重，这下正是捕捉了女性在开放文化后追求健美的心态。由于受几千年封建思想的影响，妇女长期受歧视，无论在心理上、生理上都有一种"女人一结婚就完了"的感叹，所以他们将其定位在20～50岁女性，适用于"活血、去斑、养颜"的产品问世，正满足了她们做一个完美女人的要求。

在品牌经营方面，朱保国打破国内厂商的惯例，定下专业化的目标，以公开比赛的方式，寻求国际4A广告公司合作并进行全面的市场推广。

“太太口服液”的广告片制作过程是非常严谨的，整个过程中经过了三个阶段的消费者调查，以确保广告片达到预期的效果，每一阶段的调查都由专业的国际性市场研究公司执行，每一次消费者座谈会都分别在香港、北京、上海、广州进行，以确保其代表性及准确性。

1994年，朱保国曾以毛阿敏为主要广告模特。1995年，又以都市女性新生活为主题而创新了品牌。1996年，朱保国进一步挖掘“做女人真好”这个主题，表达两层意思：一是随着社会不断进步，中国女性社会地位提高了；二是这个产品能给女性保持青春的光彩，使其在生理上、心理上永葆青春。朱保国的广告词及电视广告画面由于经过了精心策划，都能给消费者留下深刻印象。如1994年，精心策划的“三个太太”系列报纸广告在南方媒介推出，由于画面设计独特，新奇的广告主题先声夺人，在极短的时间内得到广泛的传播，迈出了成功的第一步。朱保国对刊登的传媒都有选择，除电视台外，主要在《新现代画报》《读者》《家庭》《羊城晚报》等杂志上刊登，朱保国还在《女友》上做推介，那些女读者虽然今天还是姑娘，但明天就是太太，超前的教育宣传是为了造就不断层的消费群体。

一个企业获得成功并不是靠短期行为去赚钱，而是“得到社会的承认”，这是企业获得生存、体现自身价值的必要条件。“我们要提供最能满足消费者所需要的高素质和超值产品，为了达到这个目的，我们要充分了解消费者的需要，时刻去改善产品的品质和包装，并同时专注于降低成本，我们会不断地寻求突破和革新，卓越地执行所有针对市场需求的计划，在迈向生意上成功的同时，我们承诺去培养优秀的人才。”这是朱保国的企业理念。

时刻想着消费者是生产企业的重要责任，就拿改革瓶盖来说，过去太太口服液和国内同类产品一样是金属易拉式瓶盖，但容易使手指受伤。1996年初太太药业有限公司引进国际先进技术，推出全新瓶盖包装，令消费者饮用更方便、更卫生、更安全可靠。

为确保以优质产品服务消费者，“太太药业”在深圳投巨资兴建符合GMP标准的现代化生产厂房，使产品质量达到国际先进水平。由于品质的专注投入，“太太药业”在1996年2月获得IS09002《质量管理与质量保证》的国际证书，成为中国第一家获得IS09002国际标准认证的保健品生产商。

该公司虽然有了沙头角和盐田港两家厂，但产品仍供不应求，1996年6月他们又在深圳南投第五区兴建第三家新厂，占地面积32777平方米，总建筑面积31781平方米。建成投产后，可年产太太口服液1.8亿支，并可同时生产中药固体制剂、泡腾片、冲剂、西药及针剂，年产值将达40亿元。

多年的艰辛耕耘，“太太口服液”已成了女性美容保健品的领导品牌，但居安思危，在竞争激烈的今天，朱保国和他的同事们将继续启动品牌战略，专注在保健和药品行业，开发系列新产品，拓展海外市场，实施专业的集团化经营，开创另外一个新天地。

以“太太口服液”而闻名的朱保国就是一位具有宏韬伟略、能不失时机捕捉女性在改革开放后的文化心态的企业家。他启动品牌战略的市场理念，以准确的定位、高质量的产品和先声夺人的宣传攻势，一举创下了“太太口服液”这个成功品牌。

美国钢铁大王卡内基说：商战中同样需要谋而后攻。确实如此，运筹帷幄需要宏韬伟略，只有谋而后攻，有勇有谋，才能使企业家立于不败之地。

发财的念头，几乎人人皆有，如何谋财却有高下之分。有人投机冒险，有人善假于物，有人谋而后动，更有人白手打天下。智慧在经营中大显神威，大派用场。

赤手打天下凭的是灵活的头脑。这些创业家会分分秒秒琢磨着怎样才能发财，时时刻刻留心每一个机会，事事处处琢磨实现自己的每一个好的构想。从听别人话语中学会分析出发财的信息，同时认真观察人，观察各种买卖和周围的环境。

赤手打天下凭的是勇往直前。这些创业者会在选定自己的奋斗目标之后，一如既往，义无反顾，不断努力，不断进取，不达目标绝不罢休。

赤手打天下凭的是善假于物。这些创业者会倚重他人，借助朋友，依靠势力，引导同道为创业出力，为发展聚资。

赤手打天下的创业者，是有头脑的冒险家，是善智谋的创业者。

创业者可以没有资本，但不可以没有头脑。可以没有市场，但不可以没有韬略。可以没有功名，但绝不可以没有图大业的追求。白手起家，赤手空拳创事业的创业者，应当是创业者的楷模。

## 独具慧眼，把握致富玄机

董家河镇是河南信阳一个出名的镇，这里山清水秀、草木茂盛，是闻名四方的金奖毛尖茶的生产基地。董家河的山山岭岭受天地灵气的熏陶，长满了各种天然野菜。这些野菜有被史书记载的名菜，也有被当地百姓津津乐道、鲜嫩可口的其他野菜。然而世世代代，憨厚的山里人只知在旺季摘些送给城里的亲戚朋友，或自己用盐水腌泡几坛，过节时招待贵宾。没有谁能想到这沟沟坎坎俯拾皆是的野菜也能成为发家的财富，只能任其年年枯死腐烂山中。这时却有一个人把眼光盯上了这些天然宝贝，他叫徐德山，时任茶场副场长。多年的商海生涯使他练就了锐利的市场眼光，当绿色食品刚刚走向市场时，他就认定这类产品极具市场前途。随着生活水平的提高，人们不再满足于解决温饱的消费状况，重视口味与保健越来越成为一种时尚，山野菜，作为纯天然土特产，越来越受到人们的青睐。因此，徐德山一直琢磨着把这些大地恩赐变成有经济价值的绿色保健食品。

就在这时，同在董家河镇的县果品厂正处于惨淡经营之中。徐德山经过认真考察，认为利用果品厂的厂房、人员、设备，进行山野菜的多种开发，不但可使果品厂起死回生，更是自己一展身手的良机。

1996年4月，徐德山如愿进了果品厂任厂长。别人不明白，放着好好的茶厂副厂长不干，偏来接这乱摊子，他徐德山图个啥？只有徐德山自己清楚，他要在这里干一番轰轰烈烈的事业。然而，他面临的形势十分严峻：工厂基本处于半停产状态，几十万元“三角债”压得人们透不过气来，账面上只有500元流动资金，工人们情绪低落。为了步入良性循环，徐德山首先召开全厂动员大会，公布新规章、新制度，引进私营企业竞争机制，实行底薪＋效益工资制。真正的多劳多得调动了工人们的积极性。对于推销员，利用交纳风险抵押金扫除货款回笼难的障碍。一系列的奖惩措施使果品厂迅速形成了一个崭新的风貌。

在放弃老产品水果罐头的同时，徐德山开始了新产品——野菜系列风味的开发研制。为了使野菜能够适合更多消费者的口味，他与有关人士一起进入深山，采集野菜样品，化验营养成分，确定开发野菜产品的种类规模。经过一番辛苦调研，开发产品方案出台了。为此，他开始向农民收购各种野菜、野果，引得全镇人的一片惊喜，感觉天上掉下馅饼，身边不值钱的东西竟能变换出钱来。在生产上，徐德山身先士卒，和工作人员一样加班加点。在检验时，徐德山又严格监督，亲自把关，不让一件次品走出工厂。很快，“千佛塔”牌山蕨菜、莆珠花、紫云英等十余种系列风味野菜问世了。

在商场中摸爬滚打多年的徐德山深知，再好的产品，宣传跟不上，销售员跑断腿也很难打入市场。一开始，他就从清欠回来的有限资金中拔出宣传经费，确定了以信阳地区为重点，向省内外辐射，多种宣传并举的销售战略。在《信阳日报》、信阳电视台，徐德山首先发起了广告冲锋，轰动效应令人耳目一新。与此同时，为了扩大宣传范围，徐德山又先后推出灯箱广告、路牌广告、电话号码簿彩版广告，把果品厂的山野菜系列风味更直观地展示在人们面前。由于宣传对路，不仅消费者购买踊跃，经销商也纷纷主动上门，果品厂生意火爆空前。

谁说穷乡僻壤难赚钱？只要有了市场眼光，运用现代经营意识，不但能赚钱，而且能赚大钱。信阳市果品厂厂长徐德山的成功之路，便充分说明了这一点。

能成为百万富豪，其自身素质是有着过人之处的，徐德山就是这其中的一个代表人物。当然，像他这样的富豪在中国还有很多，很值得创业者借鉴。